信州うわさの調査隊

SBCラジオ

はじめに

　ＳＢＣラジオで平日午後に放送している「情報わんさかＧＯ！ＧＯ！ワイドらじ★カン」（午後２時５分～６時15分）の看板コーナーが本になりました。その名も「信州うわさの調査隊」！ラジオでは、個性豊かな４人の調査隊員が北信・東信・中信・南信のうわさを調査して、毎週スタジオでコトの真相を報告してきました。番組がスタートした2013年４月からこれまでに、調査したうわさは、約500！その中から、今回、厳選した100のうわさを掲載しました。どれも「へえ～そうなんだ初めて知った」と驚き、「これ知ってた？」とつい人に話したくなるネタばかりです！調査隊員はすべてのうわさの現場に足を運んで、ときに怪しまれながらも、マイク片手に体当たりで取材してきました。そんな喜怒哀楽もページから感じ取ってもらえたら幸いです。

　そして本を読んで、調査隊員の素顔が気になった方は、ぜひ平日午後３時10分にＳＢＣラジオをつけてみてください。軽快な音楽とともに、きょうも体をはったうわさの調査報告が始まります。

　「こんなうわさがあるんだけど……」というネタをお持ちの方は、ぜひＳＢＣラジオに投稿してくださいね。極秘情報、大歓迎です!!

ＳＢＣラジオ

目次

	はじめに	1
No. 001	立科町はわずか50mで横断できるらしい！	8
No. 002	南信州のお花見は東北信と違うってどういうこと？	10
No. 003	なぜ東信の小学生は黄色いヘルメットをかぶっている？	12
No. 004	花見小屋でお花見するのは長野市だけ?!	14
No. 005	軽井沢にはちょっと変わったお地蔵さまがあるらしい。	16
No. 006	飯山駅前には、なぜ仁王像が立っているの？	18
No. 007	山に囲まれているのにどうして渚という地名？	20
No. 008	須坂市に1年に1度しか見られない掛け軸がある？	22
No. 009	上田城の井戸には秘密の隠しトンネルがあるらしい？	24
No. 010	小布施町の巨大カブトムシはどこにいったのか？	26
No. 011	「あづみの」と「あずみの」どっちが正しいの？	28
No. 012	飯田下伊那には「信濃の国」と肩を並べる歌がある！	30
No. 013	長野市松代町には謎の巨大建造物がある?!	32
No. 014	飯山市にとっても落ち着かないトイレがある？	34
No. 015	日本で唯一の縁結び神社が木曽にあるってホント!?	36
No. 016	生坂村には天然ガスで暮らしている人がいるらしい！	38
No. 017	中野市一本木公園はなぜバラ公園になったのか？	40
No. 018	高森町にすごい人たちをまつった神社があるらしい。	42
No. 019	木曽にはどこよりもツバメに優しい町があるらしい！	44
No. 020	飯田下伊那の人には究極の昆虫食がある?!	46
No. 021	県知事杯もある岡谷市発祥のスポーツがあるらしい！	48

目次

No. 022	長野市にあった、あの名物看板はどこに？	50
No. 023	なぜ阿南町は、県内で唯一「ちょう」と読むの？	52
No. 024	松本駅のアナウンス「まつもとぉ〜」の声の主はだれ？	54
No. 025	佐久市ではマンホールがアートになっているらしい⁉	56
No. 026	どうして木曽では、そんなに相撲がさかんなの？	58
No. 027	伊那谷では夏になると毎週末に花火が上がる？	60
No. 028	中野市の締めは、一本締めではなく、ショ〜ンション。	62
No. 029	全国のマシュマロはほとんど安曇野でつくられている⁉	64
No. 030	山国長野県だから樹液のジュースがあるってホント？	66
No. 031	飯田市の人形劇フェスタはいつからはじまったの？	68
No. 032	飯田下伊那の新盆はとっても派手らしい！	70
No. 033	筑北村には犬が飼えない地区があるらしい⁉	72
No. 034	「日本のへそ」が上田市にもあった！	74
No. 035	松川村と池田町の子どもなら知っている道子さんとは？	76
No. 036	焼肉日本一が長野県内にあるらしい！いったいどこ？	78
No. 037	山ノ内町の温泉地の人は家でお風呂に入らないらしい。	80
No. 038	大町市はどうして「囲碁」に力を入れているの⁉	82
No. 039	塩尻東小と塩尻西小の校歌にある秘密とは⁉	84
No. 040	飯田のりんご並木は中学生たちの夢と希望でできた！	86
No. 041	木祖村はどうして「日曜画家の村」と呼ばれるの？	88
No. 042	あの「姨捨伝説」の真相を探ってみた！	90
No. 043	上伊那の人は薄いのが許せない食べ物があるらしい。	92

目次

No.044	池田町の七色大カエデはどうしてあの場所に？	94
No.045	阿智村の山のてっぺんに、夜、人が集まる場所がある！	96
No.046	飯綱町には食べられる砂があるらしい！	98
No.047	オリジナルの結婚証明書を出している市がある?!	100
No.048	松本のえびす講にはどうして「金つば」？	102
No.049	飯田市上村にはジブリ作品に登場した団子がある！	104
No.050	諏訪地域の学校には、ふしぎなクラス名がついてる!?	106
No.051	豪雪地の冬の名物は、南国の果物バナナ？	108
No.052	上高地線をだれでも5万円で貸し切れるってホント!?	110
No.053	長野市松代町の公民館には温泉があるらしい？	112
No.054	飯田市民が石焼き芋と一緒に飲む物はちょっと変？	114
No.055	松川村の鼠石の穴は善光寺までつながっている？	116
No.056	上田市は大正時代から映画のロケ地になっている！	118
No.057	阿智村ではおせちより大事な正月料理があるらしい！	120
No.058	木曽地域のすんき愛は、すごいらしい！	122
No.059	安曇野にはなぜ毎年たくさんの白鳥が来るの？	124
No.060	朝日村には多くの村民が歌える歌があるらしい！	126
No.061	「胴上げ」の発祥は善光寺らしい！	128
No.062	松川村で、きれいなカンガルーが見られるらしい！	130
No.063	上伊那と下伊那の市外局番にある「0265」の謎とは？	132
No.064	安曇野ではおひなさまにネギを飾る家があるらしい！	134
No.065	山形村の清水寺と京都の清水寺の深い関係とは？	136

目次

No.066	南信州には、春を感じる音があるらしい！	138
No.067	松本城のお堀には巨大な魚がいるといううわさ。	140
No.068	JR上諏訪駅前の立ち食いそばはコンビニのなか?!	142
No.069	長野市には雨でも傘をささない小学1年生がいる？	144
No.070	岡谷市鶴峯公園がツツジの名所になった意外な理由。	146
No.071	長野県の郵便番号には謎がいっぱいあるらしい？	148
No.072	軽井沢駅が駅そば発祥の地？しなの鉄道の豆知識！	150
No.073	松本深志高校には全国唯一の"香り高い"部がある！	152
No.074	上田市なのに、なぜ「塩尻小学校」があるの？	154
No.075	松本神社にカップルで行ってはいけない、その真相は？	156
No.076	1年に1回、1分間だけみんなが見つめる山がある？	158
No.077	上小地区の道端に木彫りのお地蔵さん、その正体は!?	160
No.078	伊那谷でしか売っていない豆腐製品があるらしい！	162
No.079	日本銀行の支店が長野市ではなく松本市にある理由は？	164
No.080	あのユーミンが園歌の作詞作曲をした保育園がある？	166
No.081	キングギドラが地球上で、はじめて襲った町は松本	168
No.082	軽井沢で注目を集めている「カルビ」がある!?	170
No.083	カッパの妙薬を発見！ほんとうにカッパはいたのか!?	172
No.084	黄門さまが絶賛した小布施町の栗の秘密を探れ！	174
No.085	伊那で発見した日本一の石の庭園！その正体とは？	176
No.086	全国でもめずらしい、登り窯のある小学校が上田市に！	178
No.087	切ったら驚くこと間違いなし！中野市のびっくリンゴ！	180

目次

No. 088	木島平村でしか買えない年賀はがきがあるらしい!?	182
No. 089	上田市別所温泉の北向観音の謎を探る！	184
No. 090	上田電鉄別所線の丸窓電車からハーモニカの音が?!	186
No. 091	阿智村には女性しか引けないものがあるらしい?!	188
No. 092	なぜ松本市には名前に東西南北がつく学校がないの？	190
No. 093	県内に３か所しかない「ゆずれ」の表示ってなに？	192
No. 094	天龍村の家は玄関を開けるとすぐお茶の間らしい?!	194
No. 095	木曽福島の郵便ポストには名前がつけられている？	196
No. 096	茅野市の蔵には、ある美しい特徴があるらしい！	198
No. 097	飯山市には線路が横切るお寺があるらしい？	200
No. 098	夏の高校野球県大会開会式のあの歌声はだれ!?	202
No. 099	安曇野の人びとが大切な日に食べるものってなに？	204
No. 100	日本人の心の唱歌「ふるさと」に４番ができる?!	206
	協力者	208
	調査隊員紹介	209

※本書の内容や肩書きは、一部を除き、ラジオ放送日現在のものとなっております。
※ラジオ放送された内容と一部変更、修正したものもあります。

信州うわさの調査隊

SBCラジオ

立科町はわずか50mで横断できるらしい！

蓼科山や白樺高原で有名な立科町ですが、その町の形が超ビックリなんです。そのくびれ方がハンパじゃないんです！

報告書 No.001

2013年4月1日放送

　立科町は、長野県の東信エリア、北佐久郡の最西端に位置します。人口7570人（平成27年4月1日現在）、総面積66.82k㎡。町の南北の距離は約26kmですが、東西の距離は0.05kmから7km、つまりもっとも狭いところは50数mしかない！極端にくびれたグラマラスで超スリムな町です。その形は、まるでヒョウタンというか、鉄アレイを縦置きしたというか、お餅をグーンとのばしていまにもちぎれそうな寸前の形とでもいいましょうか、とってもふしぎな形の町なんです。

　実際に行ってみると、県道40号線の立科町雨境スノーシェルター付近がたしかにくびれています。なぜこんな地形になってしまったのか、立科町教育委員会の山浦智城さ

んに聞きました。専門家でも詳しい経緯はわからないようですが、くびれがある雨境地区あたりは、山すそが西と東から迫っていてわずかな平地が南北に走っています。江戸時代、西側の山ぎわまでが上田藩、東側の山ぎわまでが小諸藩の領地で両藩にはさまれたわりと緊張した地帯だったようです。そのため、このあたりがどちらかの藩の所有になって南北の行き来が分断されてしまうと生活に困ってしまう。ということで昔から農民たちの反抗も激しかったそうです。

その戦いの歴史が、どちらの藩にも属さない第三の地帯として残り、その残った郡や村同士が合併していまの立科町になったため、結果的にあのような形になってしまったのではないかということです。町の人たちはこの地形をあまり気にはしていないようですが、なにか標識でもあれば、町のシンボルのひとつとして活性化にもつながるんじゃないかという声が多数ありました。ということで、あのくびれは、江戸時代のころからの勢力争いの流れのなかで、結果的にそうなってしまった「歴史がつくったキュートなくびれ」ということでした。

〈調査隊員：根本　豊〉

南信州のお花見は東北信と違うってどういうこと?

お花見といえば、桜の下にレジャーシート敷いて、飲めや歌えのドンチャン騒ぎ……が当たり前。でも、南信州では花を「愛でる」独特な花見をしているらしいのです。

報告書 No.002

2013年4月4日放送

　ほかの地域から南信州に来た人たちは、お花見の違いに驚くそうなんです。まず、お花見の場所がないんです。飯田下伊那でレジャーシートなどを敷いて花見をしている人はあまり見ません。では、毎年どうやって花見をしているのかというと、花の下で飲食するのではなく、1本1本の桜の木を「楽しむ」。インタビューで多くの人が「花を愛でる」という言葉を使うんです。「愛でる」という言葉どおり、桜の美しさを心で味わい、1本1本の桜をいとおしむ気持ちでお花見を楽しんでいるのです。

　じつは長野県には美しい桜がたくさんあって、「桜といえば長野か福島か」と言われるほど。名木といわれる桜は多くが

ヒガンザクラ系で、その平均寿命は300年といわれています。県内にはそんな名木古木が350本も天然記念物に指定されていて、その数も全国有数です。そのうち、南信州には一本桜の名木古木が120本もあるんです。県内の名木の約3分の1が、県内の7分の1ほどの面積の南信州にあるということになります。しかも、その桜をただ見るのではなく、桜守に案内してもらって、桜にまつわる話を聞きながら桜を見て歩く人も少なくない。この「桜守ガイドツアー」などに毎年3000～6000人の人たちが全国から訪れています。桜を愛する桜守の想いが1人また1人と伝わって、いまや南信州の文化になっているのです。

　県内唯一の日本花の会の桜の名所づくりアドバイザーの森田和市さんに、南信州の桜の魅力をうかがうと、「南信州では標高差と南北差があるために、桜を1か月近く楽しむことができるんです。その日その日の旬の桜をめぐる。ですからお花見も1回ではなく、何度も日を変えて出かけます。その木の歴史や物語を感じつつ、遠くからそして近くに行って、花びらの1枚1枚まで愛でるんです」と話してくれました。ですから、南信州の人はそれぞれに「My Favorite 桜」を持っているんです。ステキでしょ。

　南信州のお花見は、優雅な情緒あふれるものでした。桜を「愛でる」楽しさ、味わってみてください。

〈調査隊員：西村容子〉

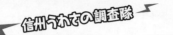
信州うわさの調査隊

なぜ東信の小学生は黄色いヘルメットをかぶっている？

上田や佐久で見かける小学生の「黄色いヘルメット」。小学校低学年は登下校時に、なぜかヘルメットをかぶらなければいけないらしいんです。

報告書 No.003

2013年4月8日放送

　入学式シーズンともなれば、街にはピカピカの1年生が小学校に通う姿が見られます。しかし、上田に引っ越してきて、ふしぎなのが登下校時に小学生がかぶっている黄色のヘルメットです。学校から「小学校低学年は登下校時にかぶるように」と黄色いヘルメットを渡されます。黄色い帽子は聞いたことがありますが、ヘルメットはほかではまずお目にかかりません。この黄色いヘルメットについて調査しました。

　上田市の小学生や保護者にヘルメットの感想を聞いたところ、おおむね好評のようで、ヘルメット着用がどこでも普通だと思っている人もいました。

　そこで全県で実施しているのか、長野県教育委員会に聞

いたところ、「交通安全に配慮した指導はお願いしているが、『ヘルメットをかぶらせる』という通達までは出していないしその権限もありません」とのことでした。さらに実施されている地区について聞いてみると、「どの地区、市町村で実施しているか把握していないが、おそらく上田市か佐久市くらいじゃないか」ということでした。

　なぜ上田と佐久だけ着用しているのか、佐久市教育委員会に取材したところ、佐久市では40年ほど前から実施されていて、交通安全都市宣言（平成18年）により本格化したとのことです。「小学生の登下校で使用する生活道路が都会と違って、歩車分離されていない道路が多い。つまりいつも危険と隣り合わせの道路を通ることが多いので、ヘルメット着用に至ったのではないか」という言葉には説得力がありました。

　黄色いヘルメットは、子どもの安全を願う心情のシンボルでした。ぜひ、地域が連携して子どもの安全を第一に考えていきたいものです。

〈調査隊員：根本　豊〉

花見小屋でお花見するのは長野市だけ?!

長野市で、お花見シーズンの定番といえば花見小屋。だけど、この花見小屋は長野市にしかないというのです。

報告書 No.004

2013年4月10日放送

　長野市で桜の開花ともなれば、やはり花見に出かけます。長野市の桜の名所といえば、まず城山公園ははずせないのではないでしょうか。その城山公園のお花見に欠かせないのが、花見小屋です。ただこの花見小屋というのが、どうも城山公園だけのものらしいのです。

　花見小屋について聞いてみると、「小さいころ行ったことがある。大人になってからは、ないです」「オジサンたちが楽しそうにお酒を飲んでいました」「花見小屋といえども、お酒を飲むのに一生懸命で桜見ていません」と、みなさんいろんな感想がありました。

　長野市では、昔から花見小屋があるので当たり前のように感じていましたが、長野市外の方は見たことのない人も

いました。

　花見小屋がはじまったのはいつか、一番歴史の古い花見小屋の「千石」の小林善幸さんにうかがいました。それによると花見小屋がはじまったのは、昭和24年（1949）4月1日から城山公園とその周辺で開催された平和博覧会のときからとのころ。ちょうど花見時期でもあり、折からの善光寺御開帳とも重なり1日1万人以上が訪れておおにぎわいでした。それがきっかけで花見小屋ができ、多いときには26軒にもなったそうです。当時は、戸板に缶詰、サイダーやジュースを出していて、お酒はなく自分で持ってきたようです。また昔は、もっと善光寺さんの近くまで花見小屋があったとのことでした。

　花見小屋には毎年来ている根強いファンがいるそうです。春とはいえ、長野のお花見の時期はまだまだ寒いですから、ストーブのある小屋で、おでん・やきとり・イカ焼き・モツ煮など温かいものを食べながらの花見もオツなものです。

〈調査隊員：竹井純子〉

信州うわさの調査隊

軽井沢にはちょっと変わったお地蔵さまがあるらしい。

日本人にとって、お地蔵さまは身近な存在で、だれでも知っています。でも、軽井沢にはそんな常識を超える、変わったお地蔵さまがいるということで調べてきました。

報告書 No.005

2013年4月15日放送

　お地蔵さまは身近な存在としてあちこちで見られますが、そのお姿はほぼ似たり寄ったり。ですが、軽井沢に、ちょっと風変わりなお地蔵さまがいらっしゃるということで、そのお地蔵さまがあるというお寺に行ってみました。
　場所は、国道18号の旧中山道追分宿信号近くの泉洞寺（せんとうじ）。どんなお地蔵さまか、ご住職の桜井朝教（ちょうきょう）さんにお聞きしました。そのお地蔵さまは、カーリング（氷環）地蔵尊といい、そのお姿は、住職そっくりの眼鏡を掛けたお顔で、ストーンの上に乗り、右手にブラシを持っています。カーリングの町軽井沢にその心の糧となるものがあればと願って建立したとのことです。

　カーリングは平成10年（1998）の長野冬季オリンピックから正式種目となり、軽井沢町はオリンピックのカーリング会場となりました。以来、軽井沢ではカーリング国際大会やシンポジウムを開いたり、日本チャンピオンを輩出したりと、カーリングと密接なつながりがあったのです。そんな縁もあって、カーリング地蔵尊は町おこしの一環でもあるようです。住職はこのお地蔵さまにお参りをした方がオリンピックに出場してほしいとの願いを持っているようです。

　軽井沢町は国内最大級のカーリング新拠点「軽井沢アイスパーク」が完成したこともあり、まさにカーリングの聖地ともいえます。この地にカーリング地蔵尊というのは、よく似合います。風変わりな姿のお地蔵さまですが、いろんな願いを叶えてくれるかもしれません。ぜひ一度お参りしてみてはいかがでしょうか。

〈調査隊員：根本　豊〉

飯山駅前には、なぜ仁王像が立っているの?

寺の町といわれる飯山市では、JR飯山駅を降りるとすぐに、仁王像がお出迎えしてくれるのです。

報告書 No. 006

2013年4月17日放送

さっそく飯山駅に行ってみました。すると駅を降りて300mのところにちゃんとりっぱな門があり、そのなかに仁王さまがいらっしゃいました。高さ4mの大きさで、まるでお相撲さんのような仁王像です。4頭身のやや短足?

気味なお姿で、手がキューピーちゃんみたいにかわいい!色は真っ黒でつやつやしています。

この仁王像の歴史について、

飯山市役所まちづくり課の坪根富士夫さんにお聞きしました。

　この仁王像は、もともと明治 45 年（1912）の善光寺御開帳の際に火事で焼失した仁王像の代わりとしてつくられたものでした。当初、高村光雲が依頼を受けて製作していましたが亡くなってしまったため、急きょピンチヒッターとして飯山の仏師に依頼したそうです。善光寺の御開帳までになんとかしたいということで、わずかな期間でつくられました。が、善光寺の仁王門は火事で焼けてしまっていたので、仁王像は屋外に展示されました。

　しかし、善光寺に安置されていたのはなんとたった数か月。そのあとこの仁王像は、近くの寺に譲られましたが大きすぎて建物に入らないため軒下に置かれていたそうです。

　その後、昭和 11 年（1936）にこれを見かねた長野市信更町の眞龍寺に引き取られて安置されていましたが、平成 22 年（2010）に飯山市が譲り受け、つくられてからちょうど 100 年目に、無事に飯山市に里帰りすることができたのです。だいぶ傷んでいたようですが、飯山仏壇職人らが伝統の技術で修復して、現在飯山駅前に安置されているのです。

　仮とはいえ、仁王像はかわいそうな運命をたどっていたようです。善光寺が困った際に飯山の仏師が助けたというエピソードもさることながら、飯山駅南の玄関口を守るのにふさわしい威風堂々とした仁王像だと思います。

〈調査隊員：竹井純子〉

信州うわさの調査隊

山に囲まれているのに どうして渚という地名?

信州は山に囲まれている地形なのに、どうして松本市には海を連想させる地名があるんでしょうか?

報告書 No. 007

2013年4月19日放送

松本市に渚(なぎさ)という地名があります。松本ICから松本市街地へ向かうと、国道19号と交差する「渚1丁目」信号を通るので、松本地域以外の方にもおなじみの場所かもしれません。

渚というと、海辺を連想するのですが、山に囲まれている松本の地名になっていることをふしぎに思い、松本市内のみなさ

んに聞いてみました。「山なのに海みたいな名前ですよね、昔は海だったから？」「松本に引っ越してきてから、ずっと気になっていたんです」「言われてみればふしぎですね〜」、などと首をかしげる方が多かったです。

　この気になる地名「渚」の由来について、長年社会科の先生をされていた中川治雄さんに聞いてみました。昔の松本平の地図を広げながら、渚の地形を改めて確認すると、奈良井川、田川、女鳥羽川、大門沢川など、いくつもの川が、渚のあたりで集結していることがわかりました。

　この渚からほど近い高台に松本城が築城されました。松本城ができたころ、美しい山々を見渡すことができ、きれいな水が流れる渚には、上級武士たちの別荘がいくつも建てられたそうです。そして、その別荘ではアヒルが飼われていた、という記録もあるとのこと。さざなみが立つ静かな湧水の水辺ではアヒルがちゃぷちゃぷと遊び、とてものどかな雰囲気の場所だったことが伝わってきます。ちなみに、『角川日本地名大辞典』で、「渚〈松本市〉」を調べてみたところ、「絶えず水がただよう場所であったことによるという」とあり、江戸期にはもう「渚村」の名前があったことも書かれていました。

　松本市渚の地形と歴史からわかるように、渚は海に限った地名というわけではないようです。広辞苑にも、「川・海・湖などの波の打ち寄せる所」とあります。お隣の岐阜県高山市にも、道の駅「飛騨街道なぎさ」やＪＲ高山本線「渚駅」があるように、全国各地にはほかにも山に囲まれた渚がたくさんありそうです。

〈調査隊員：久野恵美子〉

信州うわさの調査隊

須坂市に1年に1度しか見られない掛け軸がある?

須坂市のお堂に江戸時代から伝わる貴重な掛け軸。なんとその掛け軸を見られるのは、1年に1回だけなんです。その理由を調べてきました。

報告書 No. 008

2013年4月24日放送

須坂市上中町に法然堂(ほうねんどう)という法然上人をまつったお堂があります。現在は、地区の公会堂としても使用されています。そのお堂に年に一度2日間だけお披露目される掛け軸があるんです。

法然堂世話人の北島袈裟則(けさのり)さんによると、掛け軸の裏には文久元年(1861)に法然堂に寄進されたことが記されており、以来法然堂の春のお祭りのときにだけ公開されているそうです。毎年堂内に飾られ、大人から子どもまでがそれぞれの思いで接してきたそうです。記録には残っていないようですが、少なくとも現在の区の長老が子どものころには間違いなく飾られていて、その伝統が途切れることなく現在まで続いているのです。

　さて、どんな掛け軸かといえば、なんと地獄が描かれているのです。色も鮮やかで、かなりオドロオドロシイ。子どもたちに悪いことをしたら、地獄へいってしまうのだよと教えるためのもので、戒めのためのものだったのです。

　しかし、この本来の意味を伝承されることなく飾られていたので、地元のみなさんが平成21年（2009）から絵解きを実施したそうです。この年には、地元の小学生に絵解きをしたそうですが、これからはお父さんお母さんの言うことをしっかり聞きますと直立不動で宣言する子ばかりだったそうですから効果絶大です。

　この掛け軸の公開の日は、4月23、24、25日あたりの浄土宗の開祖である法然上人の供養に合わせているそうです。今後は保存会をつくって、調査研究をしていきたいと考えているようです。

〈調査隊員：竹井純子〉

信州うわさの調査隊

上田城の井戸には秘密の隠しトンネルがあるらしい？

上田市にある真田昌幸・幸村の居城上田城。そこにある真田井戸には太郎山につながる抜け穴があったというのです！

報告書 No. 009

2013年4月29日放送

上田城は、過去には「お城ファンが選んだ好きな城ベスト10」で、堂々の全国1位に選ばれています。戦国時代に徳川の攻撃を2度にわたって撃退、歴史の舞台となった堅固な城で、この城には昔から数々の伝説やうわさがあります。

上田城内の真田神社は、真田幸隆・昌幸・幸村をはじめ歴代の藩主がまつられており、この神社の裏手に通称「真田井戸」があります。で、なんとこの井戸には横穴が掘られていて、その穴ははるか上田城の北方約5

km、太郎山まで続いているという、いわば秘密の隠しトンネルだった！というのです。このトンネルにより、真田軍が徳川の大軍から攻撃を受けた際には太郎山まで抜け出して敵の後方の情勢を探ったり、軍資金や兵糧（食料）を運び入れたりといった話が残され、地元では有名なうわさのようです。

　真田井戸の案内板には、「この井戸からは、抜け穴があって城北の太郎山麓の砦に通じていた。敵に包囲されてもその抜け穴より兵糧を運び入れるにも、城兵の出入りにも不自由しなかったという」と書かれています。実際に懐中電灯でなかをのぞいてみると、わりと深いです。深さ20mくらいのところに水がたまっていますが、それらしい雰囲気です。

　上田城の歴史に詳しい中村彰さんはうわさについて、「私は信じています　軍用金を運び出して太郎山に隠したといううわさもあるようですが、間違いなくあると思います。ぜひたしかめたいですね」とのこと。真田井戸のある真田神社総代会長の島田基正さんにもうかがいました。「太郎山の中腹にも井戸がちゃんと現存していて、太郎山の山中には80兆円に相当する真田家の埋蔵金があるという雑誌の報道もありました。それを知られないように埋めたのでは」、そして今後の調査も考えているとのことです。

　実際にはまだ抜け穴は確認されていませんが、策略と知恵で家名を守った真田家ですから、この「抜け穴伝説」は敵をあざむき混乱させるため、自ら発信した攪乱情報、戦略の1つかもしれません。このうわさは真田家が一丸となって血の存続を賭けた一大叙事詩で、財宝がいまだに眠っているという歴史ロマンのあるものでした！〈調査隊員：根本　豊〉

信州うわさの調査隊

小布施町の巨大カブトムシはどこにいったのか？

小布施町を車で走っているとき、銀色のカブトムシを目にしませんでしたか？そのカブトムシがいつのまにか、いなくなったらしいのです。どこかに飛んでいったのでしょうか？

報告書 No.010

2013年5月1日放送

　小布施町の中心地、国道403号沿い中町南交差点近くに大きなステンレス製のカブトムシのオブジェがあったのを覚えていますか？高さ約4ｍ、前足を持ち上げて立ち上がる姿です。記念写真をここで撮る人も多い、名所でした。ところが、先日いなくなっていることに気づきまして心配になって調査してきました。

　カブトムシがいたのは栗菓子で有名な竹風堂。企画室の山岸益美（ますみ）さんにお聞きしましたところ、カブトムシは飛んでいってしまったわけでなく、竹風堂の中庭のウッドデッキに移動したそうです。店舗改装のため、移動したそうですが、問い合わせもずいぶんあったようです。

そもそもなんで小布施町にこのオブジェが登場したのでしょうか？カブトムシのオブジェがあった場所は竹風堂旧本店で、もともと大きな栗の木が３本立っていて、そこから栗の木３本の竹風堂と呼ばれていました。そして平成２年（1990）に、民工芸雑貨店オープンにあわせて、遊び心満載のオブジェが登場したわけですが、栗の木にカブトムシもいるのではと、カブトムシになったとのことです。

　このカブトムシは、中嶋大道さん（安曇野在住）の作品。中嶋さんの作品は県内に多くあり、ほかには長野市信州新町にカマキリ、東御市に蜂、中信の安曇野ＩＣを降りたところには白鳥などの作品があります。ステンレスが自然のなかにマッチしているのは、作品に躍動感があるからでしょう。

　小布施のカブトムシですが、今後も竹風堂の中庭に置かれるようです。これからも小布施の名所として写真スポットになりそうです。

〈調査隊員：竹井純子〉

「あづみの」と「あずみの」どっちが正しいの?

「安曇野」のひらがな表記は、「す」にてんてん? それとも「つ」にてんてん? どちらが正しいのでしょうか?

報告書 No. 011

2013年5月3日放送

　「安曇野」をひらがなで表記する場合には、「す」にてんてんの「あずみの・あずみ野」、「つ」にてんてんの「あづみの・あづみ野」と、2つのパターンがあります。たとえば、「あづみ農業協同組合」や「国営アルプスあづみの公園」は「つ」、JR大糸線の駅「安曇追分」「安曇沓掛」の駅名板には「ず」と書かれています。これをふしぎに思っている方も多いのではないでしょうか。

　ふだんどちらを使っているか、安曇野市民に聞いてみると、「『す』の方がなじみ深い」「たいてい『つ』だね」「以前は『す』だったが、最近は『つ』にしている」など。なかには「プライベートと仕事場では使い分けている」という人も。また、「私は生まれてからずっと『す』。学校でも

『す』で習った。でも年配の人は旧仮名遣いの『つ』を使っていた」という声も聞かれました。

では、公式な表記はどうなっているのでしょうか。安曇野市まちづくり推進課（現担当は政策経営課）によると、安曇野のひらがな表記は「あづみの」。平成17年（2005）に安曇野市が誕生するにあたり、市民にアンケートをとり、相当な議論を重ねた上で決定したとのことでした。諸説あるなか、「安曇」の語源が海の神を意味する「アマツミ」「ワタツミ」といわれている歴史も参考に、「つ」としたそうです。

市民には「す」も多く使われていたので、当初は市への問い合わせも多かったようですが、いまは「つ」に慣れたという人が多いそうです。ちなみに、安曇野のアルファベット表記は「AZUMINO」。国際規格では「づ」のローマ字表記「DU」を使うことができないことから、ひらがな表記が「ず」でも「づ」でも、「ZU」と表記することになっているようです。

安曇野市は、市の誕生を機にひらがな表記を「つ」と決めましたが、安曇野という地域の名前は昔から愛され、長く使われている名前です。それぞれの方がそれぞれの思いを持って「あずみの」「あづみの」を使っていて、どちらが正解というものではありません。多くのみなさんの安曇野への思いを聞き、地域愛を感じる調査でした。

〈調査隊員：久野恵美子〉

信州うわさの調査隊

飯田下伊那には「信濃の国」と肩を並べる歌がある！

県歌「信濃の国」は信州人ならだれでも歌える歌ですが、飯田下伊那にはもう1つ、ほとんどの人が歌える歌があるらしいのです。

報告書 No.012

2013年5月9日・16日放送

　その歌の名前は「下伊那の歌」。「♪赤石は山脈(やまなみ)青く」ではじまる軽快な歌です！インタビューをしてみても、「学校で歌いました」「物心ついたころから歌っている」と、知らない人を探すほうが難しいくらい、老若男女問わずみんなが知っているんです。

　この曲をつくったのは、下伊那教育会。その誕生秘話を下伊那音楽部会会長の山田さんにうかがいました。

　この歌の誕生は、昭和34年（1959）ころのことで、「信濃の国」のようにだれもが歌える歌をつくるために、小学生でもわかる歌詞を募集して鎌倉太郎先生の歌詞に決まったそうです。

　どうして幅広い世代で知っているのかといえば「郡音（郡

市連合音楽会)」の存在がかなり大きいようです。郡音で「下伊那の歌」をかならず歌うのです。郡音は飯田市と下伊那郡の3町10村から20を超える

小学校と15近い中学校が一堂に会して3日ほどかけて音楽会をするイベントです。それがもう66回を数えていますから、老若男女問わず歌えるのは納得です。軽快なメロディーや歌詞は、一度覚えると忘れられないので、生まれ育った人はもちろん、教員のみなさんも下伊那教育会の定期総会や校長会などで歌ううちにかならず覚えてしまうそうです。

　もう1つ、年に1回この「下伊那の歌」を聞くことができるのが、「オーケストラと共に」という音楽イベント。そこで「下伊那の歌」が名古屋フィルハーモニー交響楽団の演奏で披露されています。編曲家で指揮者のボブ佐久間さんがオーケストラバージョンとして編曲してくれました。ボブさんも最初は、だれもが歌える歌があるなんて「ありえない!」とビックリしたそうですが、いまでは「文化レベルが高い。世界に誇れる」と思っているそうです。

　この歌を歌えるようになってはじめて下伊那人になったと感じる人もいるようです。下伊那人の心の絆を深めるため、欠かせない曲として歌い継いでいってもらえるといいなと思います。

〈調査隊員:西村容子〉

長野市松代町には謎の巨大建造物がある?!

長野市南部にある皆神山は世界最大のピラミッドと言われているらしいのです。長野県にピラミッドがあるのか調査しました!

報告書 No. 013

2013年5月20日放送

　長野市松代町に皆神山(みなかみ)はあります。標高659m、周囲の山々と連なることなく、そこだけ独立して盛り上がっています。

　さて、皆神山がピラミッドでは?といううわさは、昭和59年(1984)に「皆神山は世界最大にして最古のピラミッドである」として『サンデー毎日』で取り上げられたことで全国的に注目を集めました。古文書として伝わる「竹内文書(たけのうちもんじょ)」にもその記述があるといいます。

　皆神山にある皆神神社の駐車場には、「世界最大で最古のピラミッド」と大書されており、皆神山ピラミッド説を紹介する看板があります。そこには、「皆神山の造山方法は、初歩的な重力制御技法により……」とあり、大きな石を木

のコロで転がしたのではなく、土や砂、岩などの材料を浮かせて空間移動させるというダイナミックな方法で動かしたということです。

　また過去の通商産業省の地質調査では、皆神山の中心部から重力が小さい「重力異常」が検出され、その結果から算出すると、幅3km、奥行1.6km、高さ400mもの広大な地下空洞が存在することになるそうです。地質を調べると、周囲の山と異なり、ごく一部の斜面を除いて岩石と土砂が入りまじった奇妙な組成となっているそうです。

　皆神神社の武藤登宮司に話をうかがったところ、「UFOを何回も息子と見た」とのこと。その息子さんによれば「たまたま外へ出たら円盤型の光る物体がすーっと通って東の空に消えていった」とのことです。

　皆神山のふしぎな現象はほかにもあります。頂上付近の富士浅間神社の井戸付近はゼロ磁場となっており、パワースポットとして知られ、付近ではたびたび発光現象が目撃されています。昭和40年代に皆神山直下が震源となった松代地震の際には、山自体が発光しているような証拠写真が何枚も残されています。

　太平洋戦争末期には、国家の中枢機能を皆神山に移転しようとしています。なぜ皆神山だったのか？そこには科学で解明できないふしぎな力を感じます。〈調査隊員：根本　豊〉

飯山市にとっても落ち着かないトイレがある？

トイレは落ち着くところ、という方が多いと思います。でも、飯山市のある場所にあるトイレはピッカンピッカンで落ち着かないんです。

報告書 No.014

2013年5月22日放送

　飯山市愛宕町の仏壇通りのちょうど中間あたりに展示試作館『奥信濃』があります。無料のお休み処で、高台にあるので景色がよく、お茶までふるまってくれます。どうもこちらのトイレが、落ち着かないトイレのようなのです。

　そのトイレは、極楽金箔トイレでした。便器の部分は普通ですが、四方の壁はすべて金箔でまったく落ち着かない。トイレのなかはお香の香りがして、これがまたありがた〜い感じで落ち着かないというか、申し訳ない感じなんです。

　トイレを見にきていた女性たちにも聞いてみましたが、「見たことありません」「緊張しちゃいますよね」「見られている気がする」「出るものも出ない〜」とのこと。

　実際に腰を下ろしてみましたが、天井も全部金箔ですの

で、ピカピカ過ぎて天井を見上げると自分がぼんやりと映っているんです。見学していた女性が言っていた「だれかに見られている」って感じるのはまさにそのとおりでした。鮮明ではないので、さほど気にしなくてもいいと思いますが……。

そもそもなぜ金箔トイレができたのか？その理由は、ここを管理しているのが仏壇組合のみなさんだからなんです。みなさんでインパクトのあるものをつくろうと話し合い、仏壇に使用する金箔をふんだんに使ったそうです。ぜひ極楽気分を味わっていただきたいとのことです。

金箔はとても薄いので、張る技術も難しいのはもちろん、使用していけばちょっとした衝撃ではがれていくそうです。そのため年に1度はかならず修復するそうです。

こちらの施設は、冬の間はお休みになりますが、一度は極楽気分味わってください。今回の調査結果は、落ち着かないトイレは伝統的工芸品に指定されている飯山仏壇の技術を生かした極楽金箔トイレ、でした。見るだけでなく、用を足してはじめて極楽です。 〈調査隊員：竹井純子〉

日本で唯一の縁結び神社が木曽にあるってホント!?

全国に縁結びのご利益がある神社はたくさんあれど、その名もズバリ縁結神社が木曽にあるらしいということで、訪ねてきました。

報告書 No.015

2013年5月24日放送

　木曽郡木祖村に、日本で唯一「縁結」という名前のつく神社、その名も「縁結神社」があるのです。「縁結」を名乗る神社ですから、かなりご利益がありそうです。

　縁結神社があるのは、木祖村と松本市奈川地区を結ぶ境峠近くの静かな場所。道路の看板から山道を少し入ると、白樺の林のなかに、歴史を感じさせる小さな神殿がひっそりとあります。パワースポットブームなので遠方からもかなり大勢の人がお参りにくるとのことですが、ブームに合わせてつくったという雰囲気ではありません。

　木祖村観光協会によると、いつできたのか定かではないものの、江戸時代に書かれた民話に縁結神社についての話が残っているので、それより以前からこの場所にあるとの

ことでした。

　この縁結神社は、縁結びで知られる出雲大社の分社としてご神体がまつられています。そのご神体はほんとうは松本に運ばれる予定でした。しかし、その道中である木祖村で大雪に見舞われた際、夢枕に立った神のお告げで、この場所にまつられることになったといわれています。

　縁結神社には、男性の親指と女性の小指だけを使って木の枝を結ぶことができれば2人は幸せになれるという言い伝えがあります。これを実践している人も多く、神殿にはたくさんの木の枝が結びつけられていました。

　男女の縁を求める人だけではなく、いい仕事につきたい、子どもがほしい、いい仲間とめぐり会いたいなど、さまざまな縁を求める人たちが縁結神社を訪れています。良縁を求めて、一度行かれてみてはいかがでしょうか。

〈調査隊員：久野恵美子〉

生坂村には天然ガスで暮らしている人がいるらしい！

ガスといえばプロパンガスか都市ガスが当たり前の現代に、地中から湧く天然ガスを利用しているお宅があるらしいのです。

報告書 No.016

2013年5月31日放送

　天然ガスを使って暮らしているのは、東筑摩郡生坂村の宮川さんのお宅。生坂村内には昔から、天然のメタンガスが出る場所が何か所もあったとのことで、以前はほかにも使っているお宅があったようですが、現在は1軒だけだそうです。

　宮川さんが使用している天然ガスは、自宅から400mほど離れたところにある「地獄」と呼ばれる沢の底から、ブクブクと湧いています。その湧き出すガスをタンクに集めて管をつなぎ、50年ほど前から自宅で使用しているとのこと。ちなみに、ガスの使用料はかかりませんが、維持管理はなかなかたいへんだそうです。天然のメタンガスは水分を多く含むため、管のなかの水を抜かなくてはならな

地獄（メタンガス発生地）

約三百年前の古文書に「もえ申す水、砂桶へ入れ松本へ持参、郡奉行様へ御差上げ‥‥」とある。小学生は砂の中へ小竹を立て火をつけて遊んだ。昭和二十年小工場を建て始めたが終戦で中止。現在は宮川家が使用の権利を得て、管でひき、燃料として利用する。

平成十二年十月　生坂村教育委員会

かったり、厳冬期の早朝には凍結でガスが使用できなくなったり、といったご苦労があるようです。そのため、現在はプロパンガスも併用とのことですが、お風呂と台所は天然ガスを利用していて、「いつでも温かいお風呂に入れるのがありがたい」と自然の恵みに感謝していらっしゃいました。

　この「地獄」では、大昔からガスが湧き出していたようで、300年前の古文書に「地獄」の「燃える水」を松本のお奉行様に見せにいったという記述もあるそうです。また、昔の子どもたちは、そのブクブクに火をつけたり、いろんなものを焼いたりして遊んでいたとのことでした。

　時代は変わっても、大昔からずっと同じ場所で湧き出す天然ガス。それがいまでも使い続けられているということにほんとうに驚きました。

〈調査隊員：久野恵美子〉

信州うわさの調査隊

中野市一本木公園はなぜバラ公園になったのか?

いまではすっかりバラ公園と呼ばれ、毎年バラまつりが開かれている中野市の一本木公園。そのバラを最初に植えたのはだれなのでしょうか?

報告書 No.017

2013年6月5日放送

　中野市の一本木公園では、園内にさまざまな種類のバラが植えられ、平成6年（1994）から毎年「バラまつり」が開かれています。

　いまでは観光名所となっている公園に最初にバラを植えたのは、須坂高校の生物の先生・黒岩喜久雄さんなんです。娘を育てるように自宅の庭で育てたバラ172種179株を一本木公園に寄贈してくださいました。「バラをずっと残したい」「多くの方にバラを見てもらいたい」、そんな思いから寄贈したということです。

　そのときに植えられたバラは、公園北側の入り口から東側にあります。現在もしっかりきれいに花を咲かせています。園内に数ある写真撮影スポットのなかでも人気の高い場所となっています。

　一本木公園が市民の憩いの場として、昭和59年（1984）に開園してから30年が経ち、園内のバラは850種2500株に増えました。バラによるまちづくりを推進する一本木公園バラの会も設立され、黒岩先生の情熱もしっかり受け継がれているのではないでしょうか。

　中野市民には趣味でバラを育てている方も多く、庭や商店街の花壇だけでなく、畑の脇やビニールハウスの横まで町中にバラがあふれています。バラを探しながらの散策もおすすめです。

〈調査隊員：竹井純子〉

信州うわさの調査隊

高森町にすごい人たちをまつった神社があるらしい。

島崎藤村の小説『夜明け前』にも登場し、明治維新にも影響を与えたすごい人たちをまつった神社があると聞き、下伊那郡高森町に行ってきました。

報告書 №018

2013年6月20日放送

　その神社は、下伊那の髙森町山吹にある「本学神社」。なんと、日本に2つしかない国学の神様をまつった神社なんだとか。国学は、江戸時代に起こった日本の古典を研究して、日本固有の思想や精神を追及した学問で、明治維新にも影響を与えたそうです。神社は、條山という山の頂上にあり、地元の氏子によって守られていました。実際に行ってみると、本殿の入り口には、絵馬がいっぱい。学問の神様としても親しまれているそうです。

　この本学神社にまつられている人たちがすごいんです。「国学四大人」といわれる国学を広めた4人の代表的な学者で、荷田春満、賀茂真淵、本居宣長、平田篤胤の4人。この4人が一緒にまつられているのは、日本に2か所しかなく、しかも日本で最初につくられたのがこの本学神社なんです！

　でもどうして都と離れた伊那谷に？と思いませんか？それは伊那谷では国学がさかんだったから、当時全国の門人の6分の1が信州におり、しかもその3分の2近くが伊那谷にいたということで、慶応3年（1867）に遷宮されたそうです。この4人の遺愛の品である「御霊代」も本学神社にしかなく、なかでも本居宣長の遺品は、地元の三重県にもないそうです。高森町歴史民俗資料館に展示されていますから、一見あれ。

〈調査隊員：西村容子〉

信州うれきの調査隊

木曽にはどこよりもツバメに優しい町があるらしい！

木曽町には住民が一丸となってツバメを大切にしている通りがあります。毎年たくさんのツバメがやってくる地域の取り組みを調査しました。

報告書 No. 019

2013年6月21日放送

　どこよりもツバメに優しい通りがあるのは、昔ながらの街並みが続く木曽町福島の中心部「八沢地区」です。
　この地区にツバメが滞在する春から秋のはじめまで、毎年ユニークな看板が立てられます。
「八沢通り　つばめ低空飛行中につき　徐行お願いします」
　八沢地区景観委員会の竹谷淳さんによると、この看板を立てるようになったのは10年ほど前。毎年、車とツバメの接触事故が起きることに、住民のみなさんは心を痛めていました。この町並みを守っていくなかで、昔から八沢にたくさんいるツバメを大事にしたいという思いから、このような看板が誕生したとのことでした。実際、この看板を立てるようになってから、車はゆっくりと走るようになり、

犠牲になるツバメも減りました。めずらしい看板は観光客にも人気があり、写真を撮っている姿をよく見かけるそうです。

ところで、なぜ八沢地区にはそんなにたくさんのツバメがやってくるのでしょうか。鳥に詳しい方に聞いてみたところ、家のつくりに理由があるのでは、とのことでした。梁があり、庇が長く、油性の塗料を使っていない昔ながらの木の家は、ツバメにとって巣がつくりやすいようです。

ちなみにツバメは同じ夫婦が数か月の間に２、３度子育てをし、翌年も同じ巣に帰ってきますが、一度巣が壊されるようなことがあれば、その場所へはもう戻ってはきません。

八沢地区で大切にしてくれているからこそ、毎年ツバメは安心してやってきます。住民もツバメの様子を気にかけていて、日常の会話でもツバメについての話題が多くなるそうです。「ツバメがやってくると、ほお葉巻きの準備がはじまるなぁ。ツバメが帰るころになると、栗子餅の栗を入荷しないとなぁ」と話す菓子店の竹谷さんの生活にも、ツバメが深くかかわっていることが伝わってきます。

〈調査隊員：久野恵美子〉

信州うわさの調査隊

飯田下伊那の人には究極の昆虫食がある?!

伊那谷の食文化に欠かせないものといったら「虫たち」。でも、イナゴ、蜂の子、ザザムシよりもっとすごい昆虫食があると聞き、調べてきました!

報告書 No. 020

2013年6月27日放送

　信州では昔から貴重なタンパク源として昆虫を食べてきました。イナゴ、蜂の子、ザザムシ、ひび(蚕のさなぎ)が一般的ですが、さらに強烈なものがあるというのです。

　その食材が「蛾(が)」です!ビックリでした。「蛾」を食べるなんて……。

　かつて生糸会社ではお昼にどんぶりで出され毎日食べていたそうですが、いま唯一食べられるのが、天竜峡の龍峡亭。地元の文化を伝えていきたいと80年間にわたり、観光客などに出してきたそうです。「蚕蛾(さんが)」といわれる、蚕の蛾を何度も何度も水洗いして鱗粉(りんぷん)を取り、羽がなくなるくらいまで3、4日かけて炒り煮をくり返すんだそうです。

　いまでもその味が忘れられない人たちが、松本の高原社

という種屋（蚕の卵を取る会社）から生きたままの蚕蛾をもらってきて食べているそうです。その全員が飯田下伊那の人で、そのうちのお1人が上原修さん。かつて天龍社にお勤めになり、伊那谷で最後まで蚕を卵から孵化させる飼育員をしていた方です。

　何度も水洗いしてきれいな茶色になった蚕蛾はかなりリアルですが、煮あがると香ばしくておいしいんです。私も食べてみましたが、コクのある「エビ」のような香ばしい味がするんです。「忘れられないおいしさ」「一度食べたらやめられない」と上原さんは言います。ちょっと勇気がいりますが、一度味わってみる価値はあるおいしさでした。どんな味かは、自分で試してみてください。

〈調査隊員：西村容子〉

信州うわさの調査隊

県知事杯もある岡谷市発祥のスポーツがあるらしい！

県大会も開催される岡谷市発祥のスポーツがあるらしいのです。そのスピーディな展開から、選手も観客も盛り上がるスポーツとはなんでしょう？

報告書 No.021

2013年7月1日放送

　それはエースドッジボールという、エキサイティングなスポーツです。

　岡谷市では、昭和61年（1986）に市制50周年記念事業として「ふるさと文化祭」を開催。その実行委員会がイベントの柱として新しいスポーツをつくろうと、ドッジボールをアレンジしたエースドッジボールが誕生したそうです。

　エースドッジとは？岡谷市エースドッジボール協会に聞いてみました。基本的にはドッジボールですが、1チームに1人エースマンを置き、いかに早くエースマンにボールを当てるかを競うとのこと。球技スポーツとしては国内最多人数の1チーム16人のスポーツで、内野10人、外野

6人で競技がおこなわれます。

　いかに団結してエースマンを相手から守るかが、勝利のポイントになります。試合が進むにつれてエースマンを守る仲間が少なくなっていき、作戦によって勝利がころがりこむスリルとスピード感を味わうことのできる、観ていても楽しい競技です。

　県知事杯をかけた県大会が開催されており、南信地方は予選会を勝ち上がらなければいけませんが、まだ普及が遅れている北・東・中信地方はいきなり本戦出場のチャンスがあります。長野県エースドッジボール協会では、初心者のチーム・団体に、ルールも含めいつでも指導に出向いてくれるそうです。エースドッジボールを、ぜひご体感ください！

〈調査隊員：根本　豊〉

長野市にあった、あの名物看板はどこに？

北信の人ならば一度は見たことがある、あの名物看板！あの看板はどこにいってしまったのでしょうか？

報告書 №. 022

2013 年 7 月 3 日放送

　長野市にあった名物看板とは、「海はこっち　山はあっち　ガソリンはここ！」。

　どうですか？思い出しましたか？目立つ場所にあったので覚えている人も多いでしょう。この看板は、国道 18 号の長野市浅野交差点にあったガソリンスタンドの看板だったのですが、平成 18 年（2006）に新幹線開通工事にともなうガソリンスタンド移転のため、この看板も撤去される運命となりました。

　そこで、地元で愛されている看板を救うため 1 人の男が立ち上がったのです。その名も小橋浩樹さん。「いらないのならちょうだい」と頼みこんで、撤去される当日、仕事を中断してトラックで取りにいったそうです。

　しかし、看板をもらったものの、いざ建てようとしたら思った以上に大きな看板で、看板が倒れないように地面にしっかりと固定したら、けっこうなお金がかかったそうです。

　でも、看板を残したおかげで見知らぬ人からお礼を言われたり、なつかしいと訪れてくれる人がいたりするそうで、お金をかけてでも移してよかったと思っているそうです。

　なつかしいこの看板を見たい人は、中野市（旧豊田村）豊津の「株式会社ふるさと石産」にありますよ！

〈調査隊員：竹井純子〉

信州うわさの調査隊

なぜ阿南町は、県内で唯一「ちょう」と読むの?

「阿南町」この町名をなんと読みますか?「まち」ではなく、県内で唯一「ちょう」って読むんです。それは、長野県が日本の中心であることを示す理由のひとつにもなっていました。

報告書 No. 023

2013年7月4日放送

　長野県には23の町がありますが、そのほとんどが小布施町、軽井沢町、富士見町、松川町のように「町」を「まち」と読みます。しかし、長野県で唯一、阿南町だけは「まち」でなく、「ちょう」と読むのです。その理由を調査してきました。

　調査の結果、阿南町誕生当時、あまり検討もされず「ちょう」となったらしいのです。理由もなく決まったことに、さすがに驚きましたが、阿南町の人たちにとって、「町」は「ちょう」と読むのが当たり前で、「まち」の「ま」の字も浮かんでいなかったようなんです。それは隣の岐阜県も愛知県も全県で「町」を「ちょう」という読み方しかしていないため、「ちょう」以外は思いつかなかったのかもしれません。

　さらに、多くの文化や言葉は川や山を越えることは難しい傾向にありますが、全国の「まち」と「ちょう」の境界線の一部が阿南町の阿智川にあるというのです。阿南町の小泉健一さんが調べてつくった、日本地図を見るとその境界線は一目瞭然（りょうぜん）で、長野県を境に東日本は圧倒的に「まち」が多く、西日本は「ちょう」と読むのが多いそうです。

　このことからも長野県はやはり日本の中心なんだなと改めて思いました。

〈調査隊員：西村容子〉

信州うわさの調査隊

松本駅のアナウンス「まつもとぉ〜」の声の主はだれ?

松本駅の特徴ある電車到着アナウンスの声。ほっとできるあの声が、大好きという人も多いようです。あの声の主に会ってきました。

報告書 No. 024

2013年7月5日放送

　松本駅で「まつもとぉ〜まつもとぉ〜」という独特の電車到着アナウンスを聞くと、「松本に来た〜」「松本に帰ってきた〜」という、なんともなつかしい気持ちになりますよね。

　その気になる声の主は、声優としてご活躍の沢田敏子さん。アニメ「アルプスの少女ハイジ」のナレーション、「眠れる森の美女」のマレフィセント役をはじめ、映画「００７」「アダムスファミリー」など、外国映画の吹き替えを数多くされている方です。

　ところで、どうしてその沢田さんが松本駅のアナウンスを担当することになったのでしょうか?

　沢田さんによると、この松本駅のアナウンスを録音したのは国鉄時代。それまで各駅のアナウンスはテープで流れ

ていましたが、テープの劣化やメンテナンスの問題から、全国いっせいに録音媒体がICチップに変更されることになったそうです。その際、音響学の専門家による検討の結果、沢田さんの声が「ICチップにもっとも合っている声」ということで選ばれたとのことでした。ということは、松本駅だけではなく、全国の駅で沢田さんの声が流れていたのですね。「全国の駅のアナウンスを録音するんだから、かなりの時間がかかったわよ」と沢田さん。

　時代を経て、現在の駅の放送は、コンピュータが主流となりました。それにともない、沢田さんの声が使われている駅は、徐々に少なくなってきているそうです。そんななか、松本駅ではいまも変わらず沢田さんの声が流れ、愛されているという事実に、沢田さんも当時の録音担当者もとても驚かれていました。

　「あのアナウンスは、昔の音声合成システムの初期の物なのよ。とても貴重なものだから、ぜひいつまでも使い続けてほしいわね」と沢田さん。

　いつまでも聞き続けていたい、ふるさとの駅の宝物です。

〈調査隊員：久野恵美子〉

信州うわさの調査隊

佐久市ではマンホールが アートになっているらしい?!

佐久市には初夏の風物詩にもなっている、美しいマンホールがあるというのです。訪ねてみると、それはとってもアートなマンホールでした。

報告書 No. 025

2013 年 7 月 8 日放送

　このマンホールは、じつは佐久市の岩村田高校美術班 1 年生が高校の中庭にあるマンホールのふた約 30 枚に描いたもの。このマンホールアートが、いまでは初夏の風物詩になりつつあります。

　美術班顧問の柳沢真平先生（英語担当）によりますと、マンホールのふたに絵を描きはじめたのは平成 21 年（2009）。その 2 年前に整備された中庭をさらに美しくしようと、柳沢先生が提案し、1 年生班員が入部して最初に取り組む課題として、いまでは伝統的な活動になったそうです。毎年班員同士がその年のテーマを決めて、約 1 か月かけて描き上げるそうです。

　最初は 1 枚完成させるのに 1 週間ほどかかったのが徐々に慣れ、2 日に 1 枚のペースで描けるようになったそうです。ある生徒は病気で休んだ分を取り返そうと 1 枚 1 時間で仕上げたそうです。が、その作品のできばえは、ていねいに書いていたころより数倍満足のいく仕上がりだったそうですから、おもしろいですよね。

　マンホールがアート作品になるだなんて、なにか絵画というか芸術の深淵を垣間見せられた気がします。マンホールってホントおもしろい。機会があったら、生徒たちの力作をぜひ見てみてくださいね。

〈調査隊員：根本　豊〉

信州うわさの調査隊

どうして木曽では、そんなに相撲がさかんなの？

長野県内で相撲がさかんな場所といえば、木曽という声が多いんです！その理由を調査しました。

報告書 No.026

2013年7月12日放送

　木曽に行くと土俵をよく見かけます。中学や高校の相撲部の活動も、ほかの地域に比べてさかんなようです。どうして木曽の人たちは、そんなに相撲に力を入れているのでしょうか？

　木曽町では、毎年夏の一大イベントとして、町民相撲大会が盛大におこなわれています。参加人数もかなり多く、予想以上の盛り上がりに圧倒され、相撲熱の高さを感じます。小学生の部では、町内の全4校（福島小・開田小・日義小・三岳小）の1〜6年生までの全員が出場し、横断幕が掲げられ太鼓が鳴り響くなか、真剣な表情で取り組みがおこなわれます。学校、家族、地域が一体となった応援と、勝負に涙する子どもたちの姿には、胸が熱くなりました。

昭和6年(1931)から続いているこの大会は、相撲が好きだったという明治天皇が木曽を巡幸されたことを記念してはじまりました。木曽はもともと奉納相撲や草相撲がさかんな土地で、相撲に詳しい人も多かったそうです。

　相撲大会の会場となる立派な土俵は、昭和53年に長野県で開催されたやまびこ国体の相撲会場としてつくられたもの。昔から相撲が根づいている地域だから、木曽が会場に選ばれたようです。

　「国体で立派な土俵を残してもらえたから、ますます地域の相撲を支えていくぞという気持ちになったね」と、木曽相撲連盟会長の植原延夫さん。国体をきっかけに相撲がさらにさかんになり、子どものころからの育成にも、より力を入れるようになりました。現在は、大学相撲で活躍する選手も生まれています。相撲をとおして、大切な地域の子どもたちをしっかり育てていきたい、そんな情熱が強く感じられました。
〈調査隊員：久野恵美子〉

信州うわさの調査隊

伊那谷では夏になると毎週末に花火が上がる?

夏になると飯田下伊那の夜空には、週末ごとに花火が上がっています。「また花火大会?」と言われるほど、花火を好きな人が多いらしい。

報告書 No. 027

2013年7月18日放送

　飯田下伊那に転勤してきた人たちが、はじめて夏を迎えて驚くのが、花火だそうです。毎週どこからともなく聞こえてくる花火の音に、「また花火大会?」と首をかしげるそうです。

　それじつは花火大会とは違い、各神社に奉納される、「奉納煙火」なんです。神社の秋祭りごとに、毎週のように花火が上がるのです。こうした花火は全国的にもめずらしく、その文化をつくり上げたのが、飯田の「豪商」の旦那衆たち。その旦那衆たちによって形づくられた文化は「旦那文化」といわれ、その1つが「花火」だったんです。

　当時の「豪商番付」西の関脇の子孫の方が、当時の旦那衆が花火を愛した証を見せてくれました。子孫の鈴木一彰

さんとお父様の後ろに見える建物には、突如として突き出した3階部分があります。これが花火をこよなく愛していた証だそうで、これは花火を見るためだけに建てられた部屋だそうです。

花火の時期には、お酒や料理を運ばせ、四方八方の花火を楽しんだそうです。大正時代の建築だそうで、当時の建物はほとんど平屋でしたので、ビルの上から眺めるような感じだったそうです。まさしく「花火を愛でる」、そんな感じです。

飯田下伊那では町内で競い合いながら、手づくり花火に興じ、花火の秘伝書まであったとも言われます。そんな伝統文化が飯田下伊那の人たちの魂に刻みこまれ、いまでも花火に夢中になってしまうのかもしれません。

〈調査隊員：西村容子〉

信州うわさの調査隊

中野市の締めは、一本締めではなく、ショ〜ンション。

宴会や地域の集まりなどを終わらせるとき、中野市では締めの作法が独特だというのです。

報告書 No. 028

2013年7月24日・31日放送

それは天領(てんりょう)締めというものなのです。こんな感じです。
「よ〜お！ションションション〜〜〜ショーンション」

長野市あたりだと一本締めや三三七拍子が多いんですが、中野市では天領締めが座の決まりごとになっています。このルーツを知るには、まず北信流を知っておいたほうがよいということで北信流を調査された中村直治(なおじ)さんにお聞きしました。

北信流は、北信地方に

古くから伝わり、宴席などでおこなわれている一種のしきたりです。宴の半ばに「宴もたけなわではありますが」と参会者が動議する。じつはこれは終了間際でなく、半分過ぎたあたりなのです。そこで、お肴と呼ばれる謡をしてお盃を交わす。これが北信流ですが、最近では謡のできる人が少なくなってしまいなかなかおこなわれなくなっています。

北信流のルーツは、大正6年（1916）に長野市松代で当時の県知事が民情視察に来た際に宴会の締めで松代藩に昔から伝わる「お盃の式」というものをおこなったことに由来します。お盃の式は、戦国時代に真田の殿様が出陣する際におこなわれていたそうです。それが一般にもお披露目され、これはすごいとなったのが北信流のはじまりだそうです。

この数年後に、長野市街地でお披露目され、各地に広がりました。その広がった範囲は、南は千曲市、北は山ノ内町、西は信州新町。それは宴席の出席者がその範囲だったからだそうです。もしもっと広範囲の出席者がいたら長野県全体に広がり、信州流になっていたかもしれません！

大正時代から広がった北信流ですが、もっと簡単にしようと天領締めが誕生しました。最初にはじめたのは消防団。簡単な宴会では天領締め、結婚式・新築の家の建前といった大きな集まりなどは北信流と、並行しておこなわれました。つまり天領締めは、北信流の簡略化という結論になりました。

〈調査隊員：竹井純子〉

信州うわさの調査隊

全国のマシュマロはほとんど安曇野でつくられている!?

長野県に日本一は数多くあれど、日本のマシュマロの約7割が安曇野でつくられているってご存知ですか?

報告書 No.029

2013年7月26日放送

　全国のマシュマロの約7割がつくられているといううわさの現場は、株式会社エイワ穂高工場。ここでつくられたマシュマロが、全国各地で食べられているのです。

　工場長の今井一馬さんによると、エイワではもともとマシュマロを東京の府中市でつくっていましたが、平成2年(1990)に安曇野市穂高へ移転したそうです。「おいしい水と空気に恵まれている安曇野は、マシュマロに限らず、食品を製造するのにはピッタリの環境」とのこと。

　ところでみなさんは、マシュマロについてどんなことを知っていますか?

　まず、マシュマロの原料といえば、砂糖と水あめとゼラチン。それらを発泡させてつくりますが、「砂糖と水あめと溶かしたゼラチンを混ぜた状態でそのままにしておいたら、固まってグミになるんですよ、原料が一緒だからね」というのには驚きました。

　エイワのホームページには、いろいろなマシュマロの楽しみ方が紹介されています。今井さんのオススメは、ヨーグルトに入れること。豆乳と一緒に溶かしてプリンにしてみるのも簡単でおいしいそうです。

　マシュマロのアレンジについて、いろいろな人に聞いてみたところ、バーベキューで焼いたり、バターで炒めたり、天ぷらにするという声も。バターとコーンフレークとマシュマロを火にかけて、固めてぱりぱり食べるというのもおいしいらしいです。天ぷら……、気になるけどまだ実践してません。　　　　　　　　　　〈調査隊員：久野恵美子〉

信州うわさの調査隊

山国長野県だから樹液のジュースがあるってホント?

いくら長野県が山に囲まれているからといっても、樹液ジュースとはただごとではありません。その樹液をジュース感覚でいただきました。

報告書 No. 030

2013 年 7 月 29 日放送

　どんな飲み物かといえば、これは八千穂高原の白樺からしぼった樹液 100％の飲料水なのです。

　白樺樹液を実際に採取、発売している佐久穂町黒澤酒造の黒澤孝夫さんにお聞きしたところ、「ジュースの中身は、99.3％が水です。ミネラル分は 0.26％、ミネラルウォーターの硬水より豊富です」、さらに「ナトリウムが少なめでカリウムが多め。さらにマグネシウム・鉄・マンガン・亜鉛などのミネラル分が高濃度で含まれます」となかなかのもの。

　たしかに樹液は昆虫の栄養ドリンクだから、体に悪いわけがない。その味はといえば、樹液は大半が水なので味はさっぱり。ほのかに植物の甘みを感じます。さらに生木の皮をはがしたときの甘い香りがしました。もともと樹液は甘い香りを持っているので、それにつられて昆虫もやってくるのでしょう。ちょっぴりですが、昆虫さんの気分を味わいました。

　ジュースの原料の白樺は、英語で「マザーツリー（母なる樹）」とも呼ばれ、樹液の主成分はグルコース（ブドウ糖）とフルクトース（果糖）といった糖分とミネラルです。身体に必要な微量ミネラルも含まれていて、細胞の活性化に役立って老化防止になるといわれています。自然界からのおすそわけを、ぜひ召し上がってみてください。

〈調査隊員：根本　豊〉

飯田市の人形劇フェスタはいつからはじまったの？

伊那谷の夏の一大イベントといえば「人形劇」。飯田市は、世界各地の人形劇一色に染まります。その人形劇はひょんなことからはじまったようなんです。

報告書 No. 031

2013年8月8日放送

　毎年8月に飯田市で日本最大の人形劇の祭典「いいだ人形劇フェスタ」が開催されています。海外からも含めて、市内各地でさまざまな公演がおこなわれていますが、そもそも人形劇フェスタはどうしてはじまったのかを調査しました。

　このフェスタの「生みの親」ともいえる、飯田市出身で現代人形劇センター代表理事の松澤文子さんにうかがってみると、この人形劇フェスタは、松澤さんが所属している「ひとみ座」の団員の親睦(しんぼく)をかねた旅行からはじまったらしいのです。

[68]

国際児童年の昭和54年（1979）に、飯田市から子どもたちに人形劇を見せてあげたいと、ひとみ座に依頼がありました。しかし、どうしても予算が足りず断る話も出たようですが、「なかなかできずにいた旅行も兼ねて、ついでに公演する」というのはどうかという話になって、飯田に来てくれたそうです。

　でも、どうせ行くならと、ひとみ座だけではなく、ほかの東京・大阪・名古屋の大きな劇団にも声をかけたところ、その仲間たちも喜んで参加してくれ、大きな規模になっていったそうです。ただ、あくまでも自分たちの楽しみのついでというのがはじまりですので、カーニバルの間は「手弁当」という言葉をよく耳にしました。やがて、市民の楽しみへと広がり、いまの人形劇フェスタの形になったんだそうです。飯田下伊那の人たちを人形劇のとりこにしたのは、人形劇を愛する人たちの思いやりの心だったのかもしれません。

　イベントは大きくなりましたが、もとをたどれば、憩いの場として飯田に来てくれたことを思うと、温かな気分になります。

〈調査隊員：西村容子〉

飯田下伊那の新盆はとっても派手らしい！

各地でずいぶん違いのあるお盆の風習ですが、飯田下伊那では、新盆の家がとっても華やからしいのです。それはどういう理由なのでしょうか。

報告書 No. 032

2013 年 8 月 15 日放送

　「新盆」という文字、どう読みますか？長野県では「あらぼん」や「にいぼん」と読むのが主流かと思いますが、飯田下伊那では「しんぼん」と読みます。言葉だけでもこれだけ違うのですから、お盆の風習もずいぶんと違いがあります。

　その派手な理由を、島菊花堂の社長さんにうかがってみると、その正体は飯田下伊那の新盆には欠かせない「切子灯篭」でした。

　これが、祭壇に盆提灯のほかに天井からもずら～っと飾られます。おつきあいの多い家ですと灯篭が 20 基ほど並ぶこともあり、部屋がその飾りでいっぱいになってしまうのではないかと思うほどです。しかもその華やかな飾りは、

自分で用意するものではなく、親せきなどから贈られるもので、会社経営者などは得意先の企業からも贈られるといいます。こうして「他人が華やかに新盆を彩ってくれる」というのがスゴイですよね！伊那谷の人情の温かさがなせるワザ!!

親しい人に「切子灯篭」を贈るのが習慣になっているので、同じように遠くの人にも贈ってしまうと、さぁたいへん！「どうやって飾るの？」と問い合わせがきて、はじめてこの地域だけの習慣なんだと気づく人も多いとか。

こんなに華やかな飾りですが、新盆が終わったらそれでおしまい。処分されてしまいますが、飯田市時又の灯篭流しや高森町市田の灯篭流しでは、この大きな切子灯篭が川を下ります。小さなろうそくの灯篭が流れるのを想像している人にとっては、かなりダイナミックな灯篭流しに見えるでしょう。

〈調査隊員：西村容子〉

信州うわさの調査隊

筑北村には犬が飼えない地区があるらしい!?

ワンちゃんも家族の一員という生活をしている人には信じられない話ですが、筑北村には犬が飼えないところがあるらしいのです。

報告書 №033

2013年8月16日放送

　「筑北村には犬を飼えない地区がある」といううわさを聞いて村に行ってみると、「そうそう、筑北村の人ならみんな知ってるよ」とのこと。どうやらほんとうにそのような地区があるようです。役場の人が「この村では犬を飼ってはいけないんですよねって、移住希望の人から心配そうに質問された」と笑っていましたが、村全体で犬を飼えないわけではありません。

　犬が1匹もいないのは、塩尻市の洗馬宿と善光寺を結ぶ善光寺街道・青柳宿のある青柳地区。青柳地区で案内ボランティアをしている栁澤政美さんにお話をうかがいました。

　「みんなうわさには聞いたことがあるらしく、ほんとう

に1匹もいないんですかってよく聞かれるのよ。禁止の通知が出ているわけではないんだけど、昔からここでは飼っちゃいけないって。子どもは飼いたがるんだ

けど、ここでは仕方ないって我慢させたわね」。

　では、どうして犬を飼ってはいけないのでしょうか？言い伝えによると、昔このあたりにはキツネが住んでいて、あるとき火事に巻きこまれた子ギツネを住人が助けてあげたそうです。そのことに恩を感じた親ギツネが、この地区の1軒1軒の家をまわって火の用心をしてくれるようになったとのこと。「キツネに守ってもらっている町だから、キツネを怖がらせる犬は飼っちゃいけないのね」と栁澤さん。

　坂道に沿って家が建ち並ぶ青柳地区は昔、大きな火事に何度も見舞われたそうです。火に気をつけるという気持ちから、いまでも住民のみなさんは言い伝えを大切に守っているのです。

　青柳地区には里坊稲荷神社という京都・伏見稲荷の分社があり、7年に1度、キツネの嫁入り行列もにぎやかにおこなわれています。

〈調査隊員：久野恵美子〉

「日本のへそ」が上田市にもあった！

日本には「日本のへそ」と言われる場所が有名無名を問わず数多くあります。長野県にもいくつかありますが、上田市のはちょっとユニークです。

報告書 No.034

2013年8月19日放送

「日本のへそ」の基準はさまざまで、日本領土の経度緯度の真ん中、小島をのぞいた4島の真ん中、本州の真ん中、国土を重量換算してバランスをとった真ん中、日本人の体重分布の中心、人口の人数分布の中心……。いやはや、いろいろ考えつくものです。

そのなかでも、めずらしい「日本の真ん中神社」ということで上田市にある生島足島神社を取材させていただきました。

この神社は日本の国土を守っている、

神体が「土間」であるという神社です。早い話「土」をまつっているのです。ですから本殿には土間以外なにもないそうです。また神社神域は日本国土とそれを取り巻く太平洋、日本海を模した形に配されていて、まだ地図という概念も乏しい奈良時代に信州上田のこの地が日本の中心として考えられていたということは驚きです。

生島足島神社には、多くの古文書、誓約を破らないことを神仏に誓った起請文(きしょうもん)が保存されており、とくに武田信玄武将たちの 83 通に上る起請文は国の重要文化財に指定されています。敷地内には諏訪神社の諏訪様も同格でまつられていて、近年この地はパワースポットとしても注目されています。

土をまつる神社の存在は、3.11 以降の日本にとって、まさに注目に値する神社かも知れません。

〈調査隊員:根本　豊〉

信州うわさの調査隊

松川村と池田町の子どもなら知っている道子さんとは？

松川村と池田町の横断歩道には、とっても目立つ人形が立っているんです。車で通りかかって、その姿にドキッとしたことがある人も多いのではないでしょうか？

報告書 No. 035

2013年8月23日放送

松川村と池田町の信号機のない横断歩道を中心に、数多く立っている交通安全人形がいます。国道147号や主要地方道大町明科線を通るたびに、気になっている人もいるのではないでしょうか？立体的でかなり目立ち、まさに小学校低学年くらいの女の子が立っているように見えるので、松川村役場では「交通安全にはかなり効果がある」とのことでした。そのため、徐々に設置する場所が増えてき

たようです。

　この人形は松川村の子どもたちの間で「道子さん」と呼ばれ、親しまれています。「道に立ってるから、道子さん。松川の子ならだれでも知ってるよ」と子どもたち。低学年の子は、「道子、おはよう！」と声をかけていると話してくれました。また、子どもたちの口からは、「道子さんね、夜になると歩くんだって」「あのなかに人が入ってるんだよ」などなど、ちょっと怖いうわさも。ちなみに、松本の横断歩道には道子さんが立っていないことを伝えると、「えーっ！道子さんって日本中にいるんじゃないの！？」と驚いていました。

　池田町では、冬になると、この人形にマフラーが巻いてあることもあるそうです。車を運転する人たちからも、その姿を見て心がなごむという声が聞かれました。

　じつはこの人形、松本市にある会社「マツサン」のオリジナル商品「安全ガール」。辻村章社長によると、長野県内でこんなに立っているのは、松川村と池田町だけのようですが、毎年九州地方には、何十体も販売されているそうです。道子さんと呼ばれ、地域で親しまれていることを伝えると、「こんなに身近に感じてもらっているとは知らなかった。ありがたい」と感動していました。

　道子さん人形は、松川村の観光パンフレットにも載っています。道子さんを見てみたい方は、ぜひ松川村や池田町へお出かけください。　　　　　〈調査隊員：久野恵美子〉

信州うわさの調査隊

焼肉日本一が長野県内にあるらしい！いったいどこ？

焼肉と言えば、北海道のジンギスカンや焼肉発祥の地の大阪を思い浮かべると思いますが、なんと長野県内に焼肉日本一があるらしいんです。

報告書 No.036

2013年8月29日・9月5日放送

　焼肉日本一、それは飯田市なんです！
　なにが日本一かというと「焼肉屋の数」。長野県内で人口10万人あたりの焼肉屋の数は、長野市が約15軒、松本市が約17軒、上田市が約19軒なのに対し、飯田市はなんと約70軒もあるんです。

全国10万人規模の市・人口1万人あたりの焼肉店数

順位	市町村	焼肉店数
1	飯田市	5.5
2	北見市	4.6
3	松阪市	4.2
4	福井市	4.0
4	大阪市	4.0

　全国でも人口1万人あたりの焼肉店の数を調べたところ、4軒を超えたのは飯田市のほか、北海道北見市、三重県松阪市、福井県福井市、大阪

市、しかないんです。そのなかでも飯田が5.5軒とダントツの多さです（東京都内は定住人口が少ないので対象外）。

このとんでもない焼肉店の数は、食べにいく人の数が半端じゃないってこと。あらゆる打ち上げに焼肉が登場し、なかでも驚くのは、子どもの行事での焼肉。大会で優勝して焼肉、がんばったご褒美（ほうび）に焼肉、送別会で焼肉と、小さなころから子どもも焼肉ざんまい。転勤してきた先生は、子どもの焼肉屋での慣れた手つきにビックリするそうです。

さらに、驚くことに野外で焼肉をするときには、総勢50人にも100人にもなることもあるんです。そのため飯田下伊那では、肉屋が、鉄板、コンロ、ボンベ、箸（はし）にお皿、野菜やタレまで全部用意してくれ、手ぶらで焼肉ができるサービスがあるんです。お肉屋さんがとっても身近なので、焼肉の肉はスーパーではなく、肉屋で買います。そのため肉屋の数も県内一多いんです。もう一つの驚きは、ホルモンの種類の多さ！飯田下伊那の人しか食べないといわれるホルモンもあるんです。そのおいしさにとりこになること間違いなし！ぜひ食べに来てください。

〈調査隊員：西村容子〉

信州うわさの調査隊

山ノ内町の温泉地の人は家でお風呂に入らないらしい。

温泉地に住んでいる人は、家のお風呂には入らないで温泉に入るってことでしょ？いえいえちょっと違うんです。その事情を調査しました。

報告書 No. 037

2013 年 8 月 28 日放送

　山ノ内町の温泉地では、じつはお風呂そのものがない家が多いのです。ではお風呂をどうしているかというと、共同浴場（外湯）に入りにいくのが当たり前なんです。

　それは昔からの外湯文化がいまだに続いているからです。山ノ内町の温泉地、湯田中地区の一番古い外湯の大湯は、いまから 1350 年前の天智天皇の時代に発見されました。つまり、外湯の歴史は温泉を利用してきた地域文化の歴史そのものなんです。外湯には基本的に地区の住民しか入れません。それは外湯を組（自治会）組織で維持管理しているからです。ただし、ホテルや旅館に宿泊のお客さんは入ることができます。昔はホテルや旅館に内湯がなく、外湯に入るのが当たり前だったからです。

　ですから、湯田中温泉とかかわりの深い俳人の小林一茶も大湯に入ったそうです。熱湯とぬる湯がありますが、熱湯は夏場だと 45℃以上になることもあり、地元民以外では足すら入れることができないそうです。外湯は湯田中地区のほかにもたくさんあって、渋温泉では初湯、笹の湯、綿の湯、竹の湯、松の湯、目洗いの湯、七操の湯、神明滝の湯、渋大湯の 9 か所が、外湯めぐりで有名ですね。

　家にお風呂がなく共同浴場を利用しているのは、外湯文化の伝統がいまも残っているからでした。それにしても毎日温泉に入れるなんて、うらやましい。〈調査隊員：竹井純子〉

信州うわさの調査隊

大町市はどうして「囲碁」に力を入れているの ?!

大町市に行くといろいろなところで、「囲碁」の話題を耳にします。どうして大町で囲碁？その関係を調査しました。

報告書 No. 038

2013 年 8 月 30 日放送

　大町市には、「囲碁」をテーマにした公園があったり、市のキャラクターの「おおまぴょん」が囲碁をしているイラストがあったりするのです。国内の公式戦や、国内外から何百人もの人が参加する囲碁イベントも開催されています。有名なプロ棋士がいるわけでもなく、碁盤や碁石の産地でもない大町市が、どうして囲碁に力をいれているのでしょうか？

　アルプス囲碁村推進協議会の西澤義男会長によると、大町市が囲碁でまちづくりをするようになったのは、平成 5 年 (1993) のこと。囲碁雑誌に「首都圏から 3 時間程度で行け、宿泊施設や温泉がある観光資源の豊かな地で、全国の囲碁ファンが集い、好きなだけ碁が打てる夢のような場

所がほしい」とあるのを見つけ、「これは大町にピッタリだ!」とすぐに日本棋院に候補として名乗り出たのだそうです。

しかし、当時市民は囲碁がわからない人がほとんど。日本棋院に相談して、「アルプス囲碁村計画」をつくり、女性のための囲碁教室などをこまめに開催し、まずは囲碁を市民に知ってもらおうと努力をしてきたそうです。

囲碁を打つことは、相手のことを自然と考え、対話することになるので、「手談(しゅだん)」とも言われます。大町市の保育園では、毎週囲碁教室がおこなわれていますが、「囲碁に取り組むようになってから子どもたちの成長が著しい」と先生方。あいさつができるようになった、人の話が聞けるようになった、集中力や思いやりも生まれ、お友だちと仲良く遊べるようになった、と絶賛されていました。

「囲碁を学ぶ」のではなく「囲碁に学ぶ、囲碁で学ぶ」という考え方が基本になっているという、大町市の囲碁への取り組み。囲碁をとおしての人づくり、とくに地域全体で地元の子どもたちをしっかりと育てていこうという熱意を感じました。大学生の囲碁合宿にも市として全面協力しています。囲碁をとおして、今後も人の輪・交流がますます広がっていきそうです。

〈調査隊員:久野恵美子〉

塩尻東小と塩尻西小の校歌にある秘密とは!?

塩尻市にある塩尻東小学校と塩尻西小学校、隣同士の2校はおたがいの校歌を歌うことができるのです。どうしてでしょうか?

報告書 No.039

2013年9月6日放送

まずはそれぞれの校歌を聴いてみないと、ということで、両校の1学期の終業式に潜入しました。
♪鉢伏山の 雪消えて 霞たなびく 塩尻の〜♪
なんと、どちらの学校でも、同じ校歌が歌われていたのです!これはどういうことなのでしょうか?

両校で話をうかがうと、もともといまの塩尻東小学校の場所に「塩尻小学校」があり、そこから分校として生まれたのがいまの塩尻西小学校ということがわかりました。生徒数の増加により、塩尻小学校大門分校ができ、塩尻小学校西校という時代を経て、塩尻西小学校となったとのことでした。

独立した学校となったときに、新たに校歌をつくろうと

いう声はなかったのでしょうか？『塩尻西小学校30年史』によると、「それぞれ新しいものを定めようと話し合われた記録はない」とのこと。同じ地域にある学校同士だから、同じ校歌で当たり前というみなさんの思いが強かったようです。ちなみに、校歌だけでなく、校章や校旗のデザインも同じです。

いまの児童たちは隣の小学校と校歌が一緒ということは知っているそうですが、知らずに育った人はビックリすることも多いとのこと。塩尻西小学校を卒業した保護者が、お子さんが歌う塩尻東小学校の校歌を聴いて驚いたり、来賓（らいひん）で来た人が「あれ、自分の母校は隣なのに、ここの校歌も歌えてしまう」など。

以前に塩尻東小学校の校長を務めた塩尻市の山田富康教育長は「ルーツが同じ2つの学校、姉妹校としてつながりを深めていってもらいたい」とのこと。県歌「信濃の国」の作詞で知られる浅井洌（あさいれつ）による校歌の歌詞の内容はとても難しいですが、両校の子どもたちが「校歌大好き！」と口々に言っていたのが印象的でした。

〈調査隊員：久野恵美子〉

飯田のりんご並木は中学生たちの夢と希望でできた！

飯田市のシンボル「りんご並木」は、60年前の中学生たちが数々の困難を乗り越えてつくり上げたものです。そんなりんご並木にはどのような思いがこめられているのでしょうか。

報告書 №.040

2013年9月19日・26日放送

　りんご並木をつくろうと言い出したのは、飯田東中学校の中学生たちでした。昭和22年（1947）の飯田の大火から5年後、校長先生から聞いた北海道のポプラ並木の美しさ、ヨーロッパにあるりんご並木の話に心を動かされた生徒たちは、大火の爪痕が残る飯田の町を「自分たちの手で美しい町にしよう」と、りんご並木をつくることを決めました。

　その実現に向け、市などを説得し、ようやく昭和28年に許可を得ることができました。3年後にやっと実がついたものの、収穫間近に祭り帰りの市民に取られ、最終的には4個のりんごが残ったのみでした。もう止めたほうがいいのではという声もあったそうですが、生徒たちは市民を

信じることを選択したのです。その取り組みは多くの人の心を動かし、全国から応援の手紙がつぎつぎと届いたそうです。そして、次の年は500個、その次の年は1400個と収穫量は増えていきました。そんな中学生の純粋な心がつくり上げたりんご並木は、昭和59年にその功績で吉川英治文化賞を受賞しました。

平成になっても、その生徒たちの夢と希望をあきらめない思いに感動して、CO906.が歌う「りんご並木」という曲ができ、それが遠くはなれた兵庫県で毎日流れています。それは当時の中学生の夢をあきらめない思いをいまの中学生にも伝えたいと、兵庫県の苦楽園中学校が下校の音楽として採用したからです。そこには、あきらめずにいればかならず報われ、同じ思いを持った人たちが助けてくれるという先生たちのメッセージがこめられているのです。

〈調査隊員：西村容子〉

木祖村はどうして「日曜画家の村」と呼ばれるの？

それには木祖村で生産されているものが関係しているようです。木祖村が日本一の生産量を誇る、画家にかかせないものがあったのです。

報告書 No. 041

2013年9月27日放送

　木祖村役場によると、木祖村が「日曜画家の村」を宣言したのは昭和55年(1980)とのこと。毎年秋には村の3大イベントの1つ、「全国日曜画家中部日本展」も開かれ、県内外から多くの作品が出展されています。ちなみに日曜画家とは、趣味で絵を描くアマチュア画家のことです。では、どんな理由があって、「日曜画家の村」を名乗るようになったのでしょうか？

　じつは木祖村は、油絵や水彩画用のキャンバス枠の全国有数の生産地。なんと国内の約8割のキャンバス枠をつくっているそうです。木祖村のキャンバス枠生産の歴史について、マルオカ工業株式会社の湯川泰征社長にお聞きしました。

森林資源の豊富な木祖村では、もともとお六櫛（ろくぐし）やねずこ下駄（げた）など、木工製品がさかんにつくられていましたが、時代の流れでプラスチックが主流となり、村の木工業もだんだんと衰退していった

そうです。そこで、なにか木祖村に新たな木の特産品を見つけなくてはと木工業者のみなさんが考えていたころ、キャンバス枠生産のきっかけとなることがありました。

村の大工さんに、油絵を描く方がいました。腕のいい大工さんだったその方は、自分でつくったキャンバスに絵を描いて東京上野の美術展にたびたび出展していたそうです。そのキャンバス枠を見た画家たちの間で、「いったいだれがつくっているのか？」「自分にもつくってもらえないか」と評判になったそうです。最初はその大工さん1人で頼まれた分をつくっていたそうですが、1人ではつくりきれなくなり、湯川社長のお父さんに相談。その後、村の木工業者のみなさんがしだいにキャンバス枠を生産するようになり、村の一大産業になったとのことでした。

木祖村に受け継がれてきた木工技術が、広く口コミで評判となり、それが「日曜画家の村」としていまにつながっているなんて、すてきな話です。

〈調査隊員：久野恵美子〉

あの「姨捨伝説」の真相を探ってみた！

60才になったら親を山に捨てるという姨捨伝説。この伝説はほんとうにあったことなのか？そこには意外な真実がありました。

報告書 No.042

2013年9月30日

　ある村で男が60才になった親を背負い、山を登りはじめました。ふと気がつくと親が白い花を摘んでは道にまいています。男は「これをたどって家に帰るつもりだ」と思い、親に「決まりなんだ勘弁してくれ」と言います。しかし、親は木の根などを食べて生き長らえないように歯を抜いてしまったために話すことができません。

　そして山奥に親を下ろして、男は何度も親に謝りながら親を置いて山道を戻りはじめました。が、あたりは真っ暗で迷子になってしまいました。途方にくれる男の目に白いものが見えました。親がまいていた白い花です。それは点々と帰り道に向かっていました。男はそのとき親は自分が帰るためではなく男が迷わないように花をまいていたとわ

かったのです。親は捨てられるのは覚悟のうえで、さらに子どものために最後の愛を残したわけです。以上が「姨捨伝説」のあらましです。

千曲市に姨捨という地区がありますが、これが昔ほんとうにあった風習かといいますと、じつはほぼつくり話で間違いないようです。平安時代の900年代、補陀落信仰（浄土＝山中に生きながら死に至るというインド伝来の信仰）の定着や、親孝行の逆説的なつくり話が、口伝のなかでつくり替えられ、また深沢七郎の小説「楢山節考」などの影響もあって、現在のような形で伝わっているというのが真相のようです。いまの60才といえばまだまだ若さいっぱいで、当時とはずいぶん違うようです。

〈調査隊員：根本　豊〉

信州うわさの調査隊

上伊那の人は薄いのが許せない食べ物があるらしい。

上伊那の人が大好きな食べ物で、伊那谷の名物にもなっている、あの食べ物です。「薄いのはありえない！」とまで言われるその厚さを調べてきました！

報告書 No.043

2013年10月3日

　伊那谷の名物といえば、飯田下伊那の「五平餅（ごへいもち）」に上伊那の「ローメン」。そしてぶ厚いとんかつののった「ソースカツ丼」ですが、そのカツの厚さには驚かされます。上伊那の人たちは、いつも厚いとんかつを食べているのか？肉屋さんでは、どこでもあんなに厚いとんかつの肉を売っているのか？さっそく、調査しました。

　まずは街頭で、とんかつをどれくらいの頻度（ひんど）で食べるか聞いたところ、「週に1回くらいかな〜」という人の多いこと。まずはその予想以上の多さにビックリです。

　そして、とんかつは家で揚げることは少なく、食べに行くか、総菜屋（そうざいや）さんで買ってくるのが主流なんですって。だからどこのスーパーでもとんかつは総菜のメインとして置

かれ、いつも並べられているんだそうです。

実際に、駒ヶ根のベルシャインニシザワの総菜コーナーでは、メ

インに普通のとんかつとソースとんかつと2種類が置いてあります。しかし、断然ソースのほうが多い！しかも、どちらのとんかつも大きい！店の人に話を聞くと、1日に平均30～40枚も売れ、お盆やお正月は100枚を超えるとか。

精肉はといえば、スーパーには分厚い3cmくらいある肉のほか、3種類も置いてあってビックリ！精肉店で聞いてみると「一般の人はあんまり厚いお肉は買っていかないわね～」とのこと。「どれくらいですか？」と聞いてみると、「1.5cmくらいかな」とのこと。それでも十分厚い！やっぱり、とんかつの厚さの感覚が上伊那の人は違うようです。

インタビューした人のなかには、よそに行って薄いとんかつ出されたらどう思いますか？という質問に、「ありえない！」「ばかにしてんのかって感じ」という人までいました。上伊那の人は、ほんとうに厚いとんかつが好きなんです。

〈調査隊員：西村容子〉

信州うわさの調査隊

池田町の七色大カエデはどうしてあの場所に？

人気の紅葉名所のひとつ、北安曇郡池田町の大峰高原にある「七色大カエデ」。いつだれが植えたのか気になります。

報告書 No.044

2013年10月4日

　標高1000mの大峰高原(おおみね)に立つ七色大カエデ(なないろ)は、樹齢250年、高さ12m、周囲は15mもある立派な木です。紅葉の時期には少しずつ紅葉していき、緑・黄・橙・赤の色がグラデーションのようにあらわれるところから、七色大カエデと呼ばれています。

　この七色大カエデ、どうしてこの場所に1本だけ、こんなに印象的な姿で立っているのでしょうか？

　池田町観光協会によると、戦後の食糧難の時代、大峰高原には開拓団が入り、木を切り、根を掘り、畑へと開墾を進めていったそうです。そのときにほかの木はなくなってしまいましたが、根が強く張っていたこのカエデの木だけは掘り起こすことができず、切り株の姿のまま、残すこと

になったとのこと。その後、何年も経ってから所有者が見にいったところ、切り株から出た芽がすくすくと育ち、立派な木に成長していたのだそうです！まわりの木が切られていたので邪魔するものがなかったこと、牛や馬をまわりで飼っていたので糞などが肥料になったことも大きく育った理由では、と話す地元の方もいます。

　見る角度や時間によっても表情が違うので、いつ行っても多様な姿が楽しめますが、紅葉の時期のオススメは夕方。「夕日が当たった瞬間の光り輝く様子を見た人たちから、歓声が上がることも少なくない」と観光協会。困難を乗り越えて、長い間生き続けている七色大カエデの姿からは、大きなパワーを感じるという声も多く聞かれます。

〈調査隊員：久野恵美子〉

信州うわさの調査隊

阿智村の山のてっぺんに、夜、人が集まる場所がある!

阿智村のヘブンスそのはらでは、夜の数時間の間に、多い日で1000人以上の人が集まったというから驚きです!

報告書 No.045

2013年10月10日・17日放送

　夜中に人が集まってなにがあるのかというと、そこには日本一の星空がありました!平成18年(2006)、阿智村は、環境省が実施している全国星空継続観察(スターウォッチング・ネットワーク)で「星がもっとも輝いて見える場所」の第1位に認定されたんです。

　そんな自然の恵みを活用して「日本一の星空ナイトツアー」がおこなわれています。ツアーの舞台となるのは、阿智村の「ヘブンスそのはら」。標高1400mの山頂までゴンドラで上り、星空を眺めます。

　ツアーの参加者は県外者が多く、私がインタビューした人に1人も長野県民がいなかったのには、驚きでした。新聞やインターネットで見てきたという人もいましたが、口

コミやリピーターも多くいました。

　自然の美しさはもちろんですが、ただ星を見るだけのツアーではないところが魅力。まずは山頂までのゴンドラがいいんです。所要時間は15分で、夜空を空中遊泳って感じです。山頂に到着するとそこは異空間、まさに宇宙ステーションのイメージです。ツアーの内容もカップルにうれしいゴンドラを貸し切れるツアー、真っ暗な森のなかをトレッキングするツアーなど、さまざまなイベントがあるので楽しめます。

　肝心(かんじん)の星空はといえば、取材に行った日は曇り空。半分あきらめていましたが、ガイドさんは「ここではよく奇跡が起こるんですよ」と言うんです。するとその言葉どおり、星空ナイトツアーで一番の感動の瞬間、5、4、3、2、1のカウントダウンで会場内の照明がいっせいに消されると、漆黒(しっこく)の闇(やみ)に満天の星空が広がっていました。参加者の歓声も上がり、感動でした。

　「星空の里」阿智村の山頂には、日本一ロマンチックな風景が広がっていました。その後、ここでプロポーズする人が多いということで、「恋人たちの聖地」にも選ばれています。

〈調査隊員：西村容子〉

信州うわさの調査隊

飯綱町には食べられる砂があるらしい！

ウソのようなホントの話ですが、なんと砂が食べられるというんです！そこには天狗様の伝説がありました。

報告書 No.046

2013年10月15日放送

　砂が食べられると聞いて、飯綱町のいいづな歴史ふれあい館で話を聞いてきました。話によると、飯綱山の名の由来は「飯砂＝イイズナ＝メシのスナ」からということです。昔はこの山で飯砂という食べられる砂が採れ、修験者はそれを食べて修行したというから驚きです。

　飯砂は、「天狗の麦飯」が正式名称で、その名のとおり麦飯のような色と形をした粒の集まりで、乾燥すると味噌の固まりに見えることから、「長者味噌」「謙信味噌」「味噌塚」とも呼ばれたそうです。

　飯縄山の守り神、飯綱三郎天狗は、日本八大天狗の1人で、庶民に親しまれる天狗として信者に富を与え、病を除き、火難・盗難を除くなど、数多くの霊験を施したと伝え

られています。かつて日本を襲った凶作では、この飯綱山頂に無限にある食べられる砂を日本中を飛び回って配り、多くの命を救ったとも言われています。そこから「天狗の麦飯」の名がついたようです。

天狗の麦飯は、中部地方の火山地帯高地でのみ発見されていて、その正体は藍藻類(らんそうるい)(下等な単細胞植物)や菌類の共生体とされています。地下に層をなして存在し、深さは地下数 cm から数十 cm、深いところで2mに達し、地上に露出することもあるそうです。しかし、なぜこの地域にだけあるのか、なぜ地下にあるのか、なぜ腐敗しないのか、など謎(なぞ)の部分が多いようです。

俳人の小林一茶は、飯綱山麓の柏原宿の生まれで、健康食品などを摂取するのに熱心であったそうです。そのため、神通力抜群の天狗の麦飯を採取するため、文化14年(1817)に飯綱山に登って句を残していますが、残念ながら食べることはできなかったようです。

飯綱町には、たしかに一茶も欲した食べられる砂「天狗の麦飯」がありました。

〈調査隊員：根本　豊〉

信州うわさの調査隊

オリジナルの結婚証明書を出している市がある?!

諏訪市では婚姻届を提出すると、なんとオリジナルの結婚証がもらえるそうです。それはどんなものか調査してきました。

報告書 No.047

2013年10月25日放送

婚姻届を提出した際に、証明書を受け取ったという経験がある方はあまりいないと思います。諏訪市では、独自の「結婚証」なるものがもらえると聞いて、さっそく諏訪市役所へ。行ってみると、市民課の壁には写真やイラストがあしらわれた「結婚証」のサンプルが何種類も飾られていました。

市民課によると、人気があるのは諏訪湖の花火のデザイン。とくに、水上スターマインが人気だそうです。そして注目は、諏訪市公認キャラクターの「諏訪姫」

デザインです。インターネットでも話題になり、壁に掲示してある諏訪姫の描かれた結婚証を見にくる人も多いそうです。

　つい最近この結婚証を受け取ったというご夫婦が、ちょうど市民課に来ていました。受け取った結婚証を写真に撮り、メール添付して友人たちに結婚報告をしたところ、大好評だったと喜んでいました。これから予定している結婚披露宴の会場入り口に、ウエルカムボードとしてこの結婚証を飾ることにしているそうです。

　「壁に飾って、いつも婚姻届を出した日付を目にすることで、夫婦げんかも減るかもしれない。提出した日の気持ちに戻り、仲直りするきっかけになる」という声もあるとのこと。たしかにこれがあれば記念日を忘れずにすみそうです。

　これまでは市内の在住者限定でプレゼントしていたこの結婚証ですが、平成25年（2013）春からは市外の人でもいただけるようになりました。ちなみに婚姻届は全国どこの役所に提出してもいいそうなので、この結婚証を求めて遠方から諏訪市に提出にきたカップルもかなりいるようです。市民課でも「こういうきっかけで諏訪市に注目してもらえることはうれしい」と話しています。諏訪市が多くのカップルの記念の地になっているのです。

〈調査隊員：久野恵美子〉

信州うわさの調査隊

松本のえびす講にはどうして「金つば」？

1年の無事を感謝し、商売繁盛を願うえびす講。松本市のえびす講といえば、なぜか「金つば」なのです。

報告書 No.048

2013年11月8日放送

　商売繁盛を願うえびす講。この時期になると松本で目立ってくるのは「金つば」の文字。この時期だけ金つばを販売するというお店も多いです。

　どうして松本のえびす講といえば「金つば」なのでしょうか？松本市内の和菓子店で組織される松本和生会会長の奥原浩史さんに、その理由を聞きにいってみました。

　奥原さんによれば、武士の刀のつばをかたどった「金つば」は、昔は「銀つば」と呼ばれていたそうです。しかし、銀より金のほうが縁起がいいということで、江戸時代に名前が変わったとのこと。松本は商人の町だから、えびす様に商売繁盛をお願いするこの時期に、「金」がつくお菓子の縁起をかついで売るようになったんじゃないかな、との

お話でした。

「寒くなると金つばの季節だ」「金つばが店頭に並んだから、もうすぐえびす講だね」「ふだん甘いものは食べないけど、えびす講の金つばは縁起物だから食べないと」などという声が聞かれます。奥原さんのお店では1年中金つばの販売をしていますが、やはりこの時期が一番売れるそうです。

車やスーパーがまだない時代、松本の中心市街地で開かれるえびす講の大売出しには、道を歩くのもたいへんなほど大勢の人が買い出しに来たそうです。近隣の村々から松本へ冬物衣料を家族で買いに来たという思い出を語ってくださるご年配の方もいて、そのときに金つばを買ってもらうのが楽しみだったという声も多かったです。

〈調査隊員:久野恵美子〉

信州うわさの調査隊

飯田市上村にはジブリ作品に登場した団子がある!

その団子は「そば団子」。なんだ、それなら想像できると思いきや、そのなかに入っているものがめずらしいんです!

報告書 No. 049

2013年11月14日放送

その団子のなかには、秋が旬の食べ物「サンマ」が入っているんです。しかも、ぶつ切りのサンマがそのまま味つけもなしにです!

日本のチロルともいわれている飯田市上村では、その昔、海のものはあまり手に入らず、魚は馬の背に揺られて塩漬けされたものが何日もかけて運ばれてきたそうです。ですから、とても貴重なもので、収穫を祝うえびす講の最高のごちそうとして、新そばの粉で団子

をつくり、そのなかにしょっぱい塩サンマをそのまま包み、囲炉裏（いろり）で焼いて食べたそうです。

味はといえば、サンマの塩と甘い脂（あぶら）が生地にしみこんで、なんと

もいえないおいしさ。この味は、囲炉裏でなければ出せないということで、いまでは上村でも民宿みやしたでしかいただくことができない貴重なごちそうです。

この団子の大ファンだというのが、上村・南信濃とはゆかりの深いジブリの宮崎駿（はやお）監督。さらにこのそば団子が、あのジブリのアニメにも登場しているというのです。それは、三鷹の森ジブリ美術館（予約制）でのみ上映されている「ちゅうずもう」という短編アニメーションで、その舞台もここ上村。宮崎監督は、何度か上村に足を運んでいて、民宿みやしたによく泊っているそうです。

奥さんいわく、「もしかしたら、監督が寝ているときに天井裏をねずみが駆けっこでもしてたんじゃないかな〜！」ですって。そのアニメーションに描かれているおじいさんとおばあさんも、なんとなく民宿みやしたのご主人と奥さんに似ている感じがしました。

このそば団子は、予約をしないと食べることができません。お母さんとお父さんのぬくもりいっぱいの味です。

〈調査隊員：西村容子〉

信州うわさの調査隊

諏訪地域の学校には、ふしぎなクラス名がついてる!?

学校のクラス表示は、1組、A組、東組、松組…、いろいろあると思いますが、「1部」というのは、はじめて聞きました。

報告書 No. 050

2013年11月15日放送

　以前の取材で塩尻東小学校に行った際、クラス表示が「1年1組」ではなく「1年1部」となっていることに気づきました。はじめて見るものだったので、県内各地に赴任している先生たちに聞いてみたところ、「諏訪地域の学校にはよくあるよ」とのこと。

　というわけで、諏訪地域の各市町村役場や学校に問い合わせてみたところ、約4割の学校で「部」が使われていることがわかりました。小学校は全部「組」、中学校は全部

「部」という自治体もありましたが、基本的にはクラス表示はそれぞれの学校に任せてあるようでした。また、諏訪地域でいろいろな人に話を聞くなかで「え、全国的には『組』が多いの？」「ずっと『部』を使っていたから、ふしぎに思ったこともなかった！」という声も多く聞かれました。

諏訪市の小島雅則教育長に、この「部」について教えていただいたところ、その歴史は明治初期にさかのぼるとのことでした。

当時、長野県の就学率はとても高く、諏訪地域では多くの子どもたちが１つの教室に集まり授業を受けていました。人数が増えていくにつれ、教室を「分ける」必要が出てきます。そのときに午前の部、第１部のように、「分ける」という意味のある「部」が使われるようになったのではないか、とのことでした。「組」は組織をあらわし、「分ける」という意味はないとのことです。

当時、諏訪地域の教育行政の中心になっていたのは、高島学校。校内には合同庁舎も置かれていました。その高島学校が使いはじめた「部」が、諏訪地域全体に広がったと考えられています。

昔は諏訪地域の多くの学校で使われていた「部」ですが、現在はだんだんと減ってきています。学校統合や新設などのタイミングで、一般に多く使われる「組」に替わってきているようです。

諏訪地域らしい貴重なふるさとの文化、せめていま「部」を使っている学校は、いつまでも残していってほしいと感じました。　　　　　　　　　　　〈調査隊員：久野恵美子〉

信州うわさの調査隊

豪雪地の冬の名物は、南国の果物バナナ？

飯山市の人たちはみんな、冬に南国の果物バナナのとりこになるのだそうです。飯山とバナナの関係を調査しました。

報告書 No. 051

2013 年 11 月 27 日放送

　飯山市では冬限定（11 月から 3 月）で、バナナボートが登場します。バナナボートといってもマリンスポーツではなく、お菓子です。飯山市民はこれが店頭に並ぶと冬の到来を実感するそうです。

　飯山市のバナナボートは、昭和 50 年（1975）ごろに和菓子屋さんから誕生したお菓子なのです。和菓子屋さんですから、和菓子かとおもいきや、スポンジに生クリーム、そこに丸ごと 1 本のバナナが入るれっきとした洋菓子です。似たようなお菓子もありますが、飯山のバナナボートのほうが前から販売されています。バナナボートを発売した当初にスキー場で販売したところ、片手で食べられ、スポーツのあとにはたまらなくおいしいということで大人気になったそうです。

　なぜ冬季限定かといえば、当時の和菓子屋には冷蔵のケースがなく、寒い冬のみ生菓子の販売ができたからだそうです。もちろん現在では冷蔵ケースはありますが、伝統を重んじ冬季限定を守っているとのことです。

　バナナボートを飯山の名物お菓子にしようという活動もスタートしていて、市内の 12 店舗で取り扱っています。それぞれのお店らしさがありますので、食べ歩いて自分の好みを探してみてください。

〈調査隊員：竹井純子〉

信州うわさの調査隊

上高地線をだれでも5万円で貸し切れるってホント!?

個人で電車が貸し切れるといううわさを聞きました。鉄道マニアでなくても気になる話ですよね。

報告書 No. 052

2013年11月29日放送

　松本駅〜新島々駅の14.4kmを走る松本電鉄上高地線。沿線の通勤や通学はもちろん上高地へ向かう観光客や北アルプス登山者にも利用され、車窓からは景色を楽しめます。その上高地線の電車を個人でも貸し切れるらしいのです。アルピコ交通鉄道事業部の隠居哲矢さんに、話を聞いてきました。

　「通常の列車運行に支障がない範囲にはなりますが、1人でもご家族単位でも、5万円(+税)で貸し切れますよ」とのこと。全国の各鉄道会社でも、貸し切り対応はしているようですが、乗車定員分の運賃がかかったり(100人分の運賃を払うなど)、列車を走行できる区間が限定されていたりと、貸し切りにはさまざまな条件があることが多いそうです。

そんななか、1人から貸し切ることができ、5万円で全線を走行できるというのはめずらしいようで、他社から、「アルピコさん安すぎませんか？」と言われるそうです。

　大々的に宣伝しているわけではないので、知る人ぞ知るサービスですが、電車好きはもちろん、県内外のグループ、全国の高速バスの運転手サークルでの利用などもあったそうです。忘新年会シーズンに、電車を貸し切り、いつもと雰囲気の違う宴会を開いてみてもおもしろいですよね。ちなみに、別料金でお弁当の用意や電車の先頭に掲げるヘッドマークもつくってもらえるとのことでした。家族や会の名前をつけて「〇〇号」としたら、一生の記念になりそうです。

　2人だけの貸切電車でプロポーズもオススメ。「運転士のほかに、車内に係員1人が同乗することになりますが、予定を話しておいて下されば、見えないところに離れていますので大丈夫ですよ(笑)」と隠居さん。上高地線のイメージキャラクターの渕東なぎさちゃんのイラストが描かれた、「なぎさトレイン」を使いたいというリクエストも可能だそうです。

　だれもいない電車に、好きなものを持ちこんで、好きなように使うなんて、考えただけでワクワクしてきます。

〈調査隊員：久野恵美子〉

信州うわさの調査隊

長野市松代町の公民館には温泉があるらしい？

温泉マニアには知られた名湯が、なんと公民館にあるらしいのです。心にも体にもお財布ににも優しい温泉に行ってきました。

報告書 №.053

2013年12月2日放送

　場所は、長野市松代町の公民館。看板にも「松代温泉公民館」と書かれていて、公衆浴場が併設されているのです。
　地区の公民館を兼ねており、どう見ても地元の住民専用のように見えるのですが、じつは入浴料を払えばだれでも入ることができるというユニークな温泉なんです。入浴客は平日は地元中心ですが、休日ともなれば温泉マニアなどでにぎわうそうです。マニアの間では「ジモ湯（地元民だけの温泉浴場）らしからぬ秘湯」と呼ばれています。
　温泉があることを除けば普通の公民館と一緒で、座敷や集会所の設備があるだけです。なぜ公民館に温泉施設がくっついてしまったのか？松代温泉区長の倉又保雄さんと浴場組合の北川武さんにお聞きすると、「松代温泉地区と

いう分譲住宅地を昭和52年（1977）に開発する際、近くに源泉があるので全戸に温泉を引く計画だった。しかし、温泉にはカルシウムと塩分が多く含まれ給水管がつまってしまうことから断念。だが約束を反故にすることもできず、地元で維持管理するならということで、やむなく公民館に温泉施設を併設した」ということでした。

温泉に実際に入ってみると、浴室は湯船も床も一面真っ茶色。しかも鍾乳石のように温泉のカルシウム成分が付着しています。源泉は近くの国民宿舎からの引湯。もちろん純然たる源泉掛け流しで、46度の源泉がパイプから湯船に流れこみ、川のように床にあふれていました。赤茶色に濁った湯は、塩辛く、肌触りが柔らかい。

さぞ手入れがたいへんだろうと思いますが、地元の人たちの手で大事に維持管理され守られている、地域の人にとってなくてはならない温泉なのです。源泉掛け流しの「松代温泉公民館」だれでも入れますがマナーを守って、一度訪れてみてはいかがでしょうか。　　〈調査隊員：根本　豊〉

飯田市民が石焼き芋と一緒に飲む物はちょっと変?

冬になると♪石〜や〜きいも〜〜♪の声が恋しくなります。でも飯田市には、その石焼き芋を一年中食べられるお店があるのです。

報告書 No. 054

2013年12月5日放送

　飯田市で1年中石焼き芋を食べることができる場所、それは「蔵前」(平成26年11月に飯田市滝の沢に移転)という喫茶店です!どうして喫茶店で焼き芋?ですよね。

　じつはここは、飯田では有名な焼き芋とコーヒーが一緒に楽しめる店なんです。焼き芋とコーヒーが合うの?という声が聞こえてきそうですが、これが合うんです!焼き芋の甘みと、コーヒーの苦味が絶妙にマッチして、コーヒーの砂糖はいらないんです。しかも、蔵前の焼き芋はしっとりしていておいしいんです。

　メニューもシンプルで4つだけ。

　Aセット　焼き芋+コーヒー
　Bセット　焼き芋+ヨーグルト

Cセット　ヨーグルト＋コーヒー
Dセット　焼き芋＋ヨーグルト＋コーヒー

4つのうち1つを除いて全部焼き芋付きだというのが驚きです。ご主人いわく「最近、コーヒー屋じゃなくて、焼き芋屋になっちゃってる感じがするんだよね〜」とのこと。

つくり方はとってもシンプル。黒い土鍋をガス台に乗せ、鍋底に秘密の茶色くて丸い石を敷きつめ、お芋を入れるだけ。この石は九州の特殊な鉱石を粉にして、1cmくらいに丸めたもので、特注品だそうです。石から出る赤外線がおいしくしてくれるんだそうです。このしっとり感は感動ものです！ぜひコーヒーと一緒に召し上がれ。

「石焼〜きイモ♪」といつも聞こえてくるのも情緒があっていいですよ！

〈調査隊員：西村容子〉

松川村の鼠石の穴は善光寺までつながっている？

松川村には鼠石という村史跡の大きな石があります。そこには、こぶし大の穴があり、なんとその穴が長野市の善光寺につながっているというんです！

報告書 No.055

2013年12月6日放送

　この鼠石(ねずみいし)の穴について松川村の人たちに聞いてみると、「そうそう、善光寺の火事の煙があの穴から出てきたらしいよ」「鼠が穴をたどって善光寺まで行くから、体がもう少し小さかったら自分たちも行けるねって子どものころよく話していたの」「穴に手を入れると善光寺の戒壇(かいだん)めぐりの鍵(かぎ)に触れるって聞いたけど、届かなかった」などなど。バリエーションは多々ありますが、「善光寺につながっている」と言われていることはたしかなようです。

　鼠石のある鼠穴地区に住む小穴耕さんに聞いてみると、「善光寺はだれもが知っている有名な場所だから、そこにつながっているというと、ありがたい、価値が上がるよう

に感じて、昔の人はそう言うようになったのかな」とのことでした。ここに参ることで善光寺に参ったことになるという意味もこめ、お賽銭をあげる人もいたそうです。

鼠石は善光寺以外に、「有明山の湧き水」(金名水・銀名水)につながっているとも語り継がれています。また大勢が集まるときに、穴の主である

鼠にお膳を貸してくれるように頼むと人数分貸してもらえたが、壊したまま謝らずに返した人がいて、それ以来貸してもらえなくなった話など、いくつかの言い伝えがあるということでした。

約270年前の古文書にも「狩人が石の前を通ると、何百匹もの鼠が黄金を手にして楽しそうに踊っていた。狩人がそれを奪おうと手をのばすと、鼠たちは穴のなかに入っていってしまい、二度とあらわれることはなかった」という内容が書かれているそうです。

鼠石は、江戸時代の絵図にも描かれていて、とても歴史のある石であることはたしかです。鼠穴地区の象徴として大切にされている鼠石、ぜひ見に行かれてはいかがでしょうか。

〈調査隊員:久野恵美子〉

上田市は大正時代から映画のロケ地になっている！

映画「青天の霹靂(へきれき)」、これも上田市で撮影されました。多くの作品のロケ地となってきた上田市と映画との古くて長い関係とは？

報告書 № 056

2013年12月16日放送

　話題になった江口洋介主演の缶コーヒーＣＭのロケ現場になったのが、ＪＲ上田駅近くの上田市交流文化芸術センター。この場所が撮影場所に選ばれたのは、信州上田フィルムコミッションという組織があったためです。このフィルムコミッションとは、映画やＴＶ制作会社と地元との橋渡しのような役割をします。全国で2000年代はじめから町おこしの一環として立ち上がったのです。上田市の場合も、名乗りを上げたのはそのころでしたが、じつは上田市では90年以上前の大正時代から同じような活動をしていたようなのです。

　当時の上田は、日本の養蚕業の中心地でした。裕福で新しもの好きな養蚕業者が、交易のあった東京や横浜で、映

画監督やプロデューサーと交流をはじめ、養蚕の華やかな時期と映画の隆盛期が重なって、いわばタニマチ的なスポンサーとしてさまざまな便宜を図り、上田に映画の撮影隊を迎えたのです。

上田市での映画のロケは、大正12年（1923）上田城跡公園で撮影された「乃木大将幼年時代」という映画がはじまりのようで、サイレント映画です。その後、数々の映画の舞台となり、業界では上田市の名前は知れ渡っていたようです。市川崑監督も「犬神家の一族」を2回も撮っています。最近では、有名な映画やTV、CMばかりでなく、話題の壇蜜さんのグラビア撮影や人気アイドルのAKB48や乃木坂46のPV（プロモーションビデオ）なども撮影されています。

上田市のこうした熱心な文化芸術活動は、養蚕産業がさかんだった昔からの伝統によるものでした。

〈調査隊員：根本　豊〉

信州うわさの調査隊

阿智村ではおせちより大事な正月料理があるらしい！

年の瀬になるとおせちの心配をしなくてはいけません。けれど阿智村のある地区では、みんなが集まっておせちより大事なあるものをつくるんです。

報告書 No. 057

2013年12月26日放送

　阿智村伍和の丸山地区では、12月28〜30日にかけて、30戸ほどのみなさんが「あるもの」をつくりに、地元の集会所に集まるんだそうです。その「あるもの」とは、自分たちで育てた大豆を使った、手づくりの「豆腐」なんです。

　それぞれの家でつくるのかと思いきや、丸山地区の集会所「丸山ふれあいセンター」にみんなが集まるんです。そこには、普通の集会所にはない特別な部

屋、豆腐づくりのためだけの部屋が存在するんです。昔の集会所には、くど(かまど)があり、昔ながらの直火で豆腐づくりがおこなわれていました。新しく丸山ふれあいセンターをつくるとき、どうしてもはずせなかったのが、この豆腐づくりのための部屋。明治のころからおこなっていたといわれるこの豆腐づくりは、どうしてもお正月にははずせないものなんです。

そこには、年代物の石臼(いしうす)や豆腐づくりのための道具が置かれ、豆腐がおいしくなるよう、細部に気を配ってつくっているという雰囲気が伝わってきました。それぞれの家が入れ替わりでつくるので、ちょっとした違いで仕上がりにも違いが出て、「〇〇さんちのはおいしいな〜」という、会話も楽しみのようでした。

「お正月にはおせちよりも豆腐が一番」「手づくりの豆腐にはお金では買うことができない大きな価値がある」と、生き生きとした表情で話してくださいました。

阿智村伍和の丸山地区では、正月はおせちより「豆腐」が一番！いつまでも守っていってほしい大切な伝統でした。

〈調査隊員：西村容子〉

信州うわさの調査隊

木曽地域のすんき愛は、すごいらしい！

冬になると食べたくなるのが、木曽のすんき。全国的にも注目されるすんきのさらなる魅力に迫りました。

報告書 №058

2013年12月27日放送

　「すんき」は、木曽の赤カブの葉を乳酸菌で発酵させた、無塩の漬物。かつおぶしや醤油をかけて食べるだけでなく、どんな料理にも合うのです。地元では、蕎麦や味噌汁に入れて食べることが多いようですが、そのほかにも、おでんやカレー、ラーメンに入れたり、ちらし寿司やチャーハン、ピザにしたりというお宅もありました。すんき大福もあるそうで、まさに木曽のソウルフード。すんきを漬ける季節は、「すっぱくなったかい？」があいさつ代わりになるそうです。

　木曽では、小学校の給食に

すんきメニューが出たり、学校でも漬けたりし、小さいころからすんきの味に親しんでいるそうです。保育園児をもつお母さんが、「うちの子、すんきが大好きなの。給食ですんきが出るから、早く小学校に行きたいんだって」と笑っていました。

そんなすんきの歴史は、なんと300年以上前にさかのぼるとのこと！元禄年間（1688-1704）の松尾芭蕉一門の句集に、「木曽の酢茎に春も暮れつつ」と記されているそうです。では、どのように生まれたものなのでしょうか？

木曽すんき研究会の北川聡会長によると、「はじめは山の木の実を使って発酵させてつくられたのではないか」とのことでした。「すんきは、塩のないこの地で、先人たちがつくりだした宝物。責任を持って、おいしいすんきを引き継いでいかなくてはね」と力強く話してくださいました。

毎年、木曽では「すんき名人」を決める「すんきコンクール」も開かれています。今年のコンクールの際、木曽町出身で「すんき大使」を務める俳優の田中要次さんが、「小さいころから身近にあったすんきだけど、色味も地味だし、昔はなんとも思ってなかったんだよね。でも、いまはすんきの味噌汁が大好きなんですよ。個性的なすんきがたくさん食べ比べられるようになって、全国からもっと木曽に人が来るようになったらおもしろいよね」と話していました。

木曽のみなさんの「すんき愛」をとっても感じる取材でした。全国的にも注目度が年々高まっている「すんき」。可能性はどんどんと広がりそうです。

〈調査隊員：久野恵美子〉

信州うわさの調査隊

安曇野にはなぜ毎年たくさんの白鳥が来るの?

安曇野の冬の風物詩、白鳥。あの白く優雅な姿に癒されるという方も、多いのでは。なぜ安曇野に毎年白鳥が集まるのか調査しました。

報告書 No. 059

2014年1月10日放送

冬になると安曇野には白鳥を見に、全国各地から多くの人が訪れます。スキー帰りにかならず寄る、月に1回は写真を撮りに来ている、毎年冬の2〜3週間は白鳥のために安曇野に滞在する、上田からほぼ毎日来ているという方や、白鳥に大興奮のお子さんを連れたご家族、絵を描いている方にもお会いしました。

すっかり冬の風物詩になっている安曇野の白鳥ですが、いったいいつごろから来るようになったんでしょうか?「アルプス白鳥の会」の会田仁さんによると、白鳥が安曇野にたくさん来るようになったのは、いまから30年前。その前もたまに見かけてはいたようですが、昭和59年(1984)12月31日、諏訪湖に渡る途中に安曇野に降り立った5羽の白

鳥に、地元の愛鳥家がパンの切れ端をやったことをきっかけに、滞在するようになったそうです。地元では、すぐに白鳥の会が結成され、環境を整備したり、弱った白鳥がいないか見回ったりといった、白鳥の保護活動をしてきました。安曇野の環境が気に入ったのか、年々飛来する白鳥の数も増えてきました。

ところで、白鳥が夏を過ごすシベリアから安曇野までは4000km。地図もないのに、どうして毎年同じ場所に来られるんでしょうか？そもそも、去年と同じ白鳥が来ているんでしょうか？会田さんによると、白鳥は家族単位で行動するので、親と一緒に子や孫が来ているうちに場所を覚えて、毎年来られるようになるんだよ、とのことでした。ちなみに会田さんは、黄色と黒のくちばしの模様で識別できるので、去年来た白鳥が今年も来ていることがわかるそうです。

北帰行がはじまるのは2月。3月下旬から4月上旬にかけて、家族ごとにシベリアに帰っていきます。優雅な白鳥の姿に、癒されに行ってみてはいかがでしょうか。

〈調査隊員：久野恵美子〉

信州うわさの調査隊

朝日村には多くの村民が歌える歌があるらしい！

自分の住んでいる市町村歌は知らない人が大勢いますよね。でも東筑摩郡の朝日村には、村歌でもないのに、とっても愛されている歌がありました。

報告書 No.060

2014年1月17日放送

村の方たちにマイクを向けてみると、「歌えますよ。みんな知ってると思いますよ」「私は塩尻から来たんですけど、朝日村に来て覚えました」とのこと。「みんな歌える！ 小学校で歌えない人はいないよ！」と、朝日小学校1年生の子どもたちも元気な歌声を聞かせてくれました。

歌ってくれたのは、「山は大きく」（作詞：上條恒彦、作曲：寺島尚彦）という歌。どんな由来がある歌なのか、朝日村教育委員会の柳沢正喜教育長に教えてもらいました。

「平成5年（1993）の信州博覧会の市町村の日に、ふるさときゃらばんの協力を得て、村の歴史などを扱ったミュージカル『朝日村ファンタジー』を上演したんですよ。村の500人くらいの人が参加したの。朝日村出身の

上條恒彦さんが作詞したミュージカルのテーマソングがこの『山は大きく』で、それ以来、村で歌われているんだよ」とのこと。

　朝日小学校の音楽会では毎年、子どもたちと保護者がこの歌を一緒に歌い、とても盛り上がるそうです。また役場の電話保留音も「山は大きく」のメロディーが使われています。「恒彦さん、ほんとうにいい歌をつくってくれたよね」「いつまでも、歌い続けていってほしいですよね」という村の人たちの話からも、この歌が愛されていることが伝わってきました。

　上條恒彦さんの筆による歌碑も、朝日小学校の近くに立っています。朝日村に行く機会があったら、ぜひ見てみてください。

〈調査隊員：久野恵美子〉

「胴上げ」の発祥は善光寺らしい!

長野県のシンボルにもなっている善光寺。そこには知っているようで、意外と知らない秘密があるのです!

報告書 No.061

2014年1月20日放送

善光寺の秘密について、善光寺玉照院山ノ井大樹ご住職にうかがいました。

善光寺では、多くの寺院で中央にある本尊が正面でなく、向かってやや左側の瑠璃檀に安置されています。正面には「御三卿」、善光寺開山の祖とされる本田善光卿像、妻弥生御前像、息子の善佐卿像が安置されているのです。これは阿弥陀如来様を見いだした本田善光一家をご本尊と同じようにまつってあるからで、善光寺の名前の由来も「本田善光」からきているんです。

善光寺の現在の建物は、宝永4年(1707)に再建されたそうです。建立には匠の技が随所に生かされており、「ねじれ柱」もその1つです。4本の柱すべてが同じ方向に

「ねじれ」てしまうと建物全体に影響し崩壊の可能性もある。そこで4本の柱材の丸太の上下をたがい違いにし、建物にかかる柱の「ねじれ」を吸収するようにしているそうです。

さらに、本堂の正面に並ぶ8本の柱にも秘密があるそうです。柱の直径は約54cmですが、両端の2本はほかの6本よりやや太いのです。これは本堂真正面から柱を眺めたとき、内側の6本より、背景が空や山である両端の2本のほうが細く見えてしまう。そこで錯覚現象を防ぐために太くしたのが、わずか約1.7cm。まさに驚くべき匠の技です。

また「胴上げ」の発祥は善光寺とする説があります。善光寺では12月の2度目の申(さる)の日に、住職が五穀豊穣(ごこくほうじょう)、天下泰平(てんかたいへい)を祈る年越し行事「堂童子(どうどうじ)」で仕切り役を胴上げする習慣があるそうです。この行事は江戸時代初期には記録があり、少なくともそのころから胴上げがされていたそうなんです。これが日本における胴上げの起源だともいいますから、善光寺あなどれません。

知れば知るほど、もっともっと知りたくなる奥が深い善光寺。たくさんの発見をしに善光寺を訪ねてみてはいかがでしょう。

〈調査隊員:根本 豊〉

信州うわさの調査隊

松川村で、きれいなカンガルーが見られるらしい!

動物園もない松川村でカンガルーが見られるらしいと聞いて探しに行ったのですが、なんとビニールハウスで、きれいなカンガルーを発見したのです!

報告書 No.062

2014年1月31日放送

カンガルーを探しに行き着いた先は、松川村の大きなビニールハウス。どうやら、カンガルーはビニールハウスのなかで育っているようです。

ハウスのなかで出合ったのは、「カンガルーポウ」という花。カンガルーの前足という意味で、花びらの開いた姿が、まさにカンガルーの指先のように見えます。茎(くき)にも花びらにも細かい毛がほわほわと生えていて、思わず指で触りたくなる姿でした。

日本ではまだめずらしい花ですが、原産地のオーストラリアでは一般的な花で、シドニーオリンピックのメダリストへの花束にも使われたそうです。

信州雪香園の湯口和弥さんによると、国内では6、7軒

しか育てていないとのこと。湯口さんのカンガルーポウは、東京、名古屋、関西方面の市場に出荷されているそうです。
「一般には目にする機会が少ないですが、アクセントになる花として、生け花の世界などでは人気があるんですよ」と湯口さん。生け花の作品集を見てみたら、たしかに使われていました。

暖かいオーストラリア原産の花ですが、暑さにも寒さにも強く、凍らせなければ信州でも十分育てられるそうです。

湯口さんのカンガルーポウを松本市内の花屋さんに見せたところ、「輸入されたものよりもぷっくりとしてて、さすが日本の技術だわ！」と感心していました。

カンガルーは松川村で、一鉢一鉢愛情をこめて大切に育てられていました。

〈調査隊員：久野恵美子〉

信州うわさの調査隊

上伊那と下伊那の市外局番にある「0265」の謎とは?

市外局番が同じ伊那市・駒ヶ根市と飯田市。ところが、電話をかけるとき「0265」をつけないとつながらないんです。その謎を調査してきました!

報告書 №063

2014年2月6日放送

　同じ市外局番だったら、市外局番をつけずに市内局番だけでつながるはず。しかし、伊那谷では、飯田市から駒ヶ根・伊那エリア、駒ヶ根・伊那市から飯田エリアに電話するときは、「0265」をつけないとダメなんです。

　NTT東日本長野広報室によると、日本全国どこの地域にも、単位料金区域という一定料金でかけられる時間が同じ区域が決められているそうです。この単位料金区域が違うエリアに電話をするときには、市外局番をつけなければいけないというルールがあるんです。

　長野県には単位料金区域が13あり、伊那谷には伊那エリア、飯田エリア、阿南町を中心とするエリアの3つの区域があります。ですから、飯田から伊那エリアに電話をす

るときには、同じ0265であっても市外局番をつけなければいけないというわけなんです。

なぜ、こんなことが起こってしまうかといえば、最初に長野県に割り当てられた番号は「026」、その後ろに数字を1つつけて市外局番にするのですが、数字は0から9までの10しかありません。しかし県内には13の単位料金区域があるので、いくつかの地域で市外局番を共有しなくてはいけなくなるわけです。

ほかにも「0267」の小諸・佐久地域、「0269」の中野・飯山地域、そして飯田・伊那地域を合わせた3か所で、2つの単位料金区域で1つの番号を使っているんです。

また上伊那なのに辰野町は、なぜか諏訪の単位料金区域のなかに入っていて、市外局番も「0266」です。これは単位料金区域が設定された昭和30年代に、地域のつながりや経済区域などを考えて決められたそうで、辰野が諏訪と交流が深かったということがうかがえます。　〈調査隊員：西村容子〉

NTT東日本　単位料金区域別市外局番等一覧表

	地区名	市外局番		地区名	市外局番
1	長野	026	8	諏訪	0266
2	阿南町	0260	9	佐久	0267
3	大町	0261	10	小諸	0267
4	松本	0263	11	上田	0268
5	木曽福島	0264	12	中野	0269
6	伊那	0265	13	飯山	0269
7	飯田	0265			

信州うわさの調査隊

安曇野ではおひなさまにネギを飾る家があるらしい！

ひなまつりで飾るものといえば、ひな人形に桃の花、ひなあられにひし餅……。でも、安曇野ではちょっと変わったものを飾るお宅があるんです。

報告書 No. 064

2014年2月21日放送

　山形村から安曇野に嫁いだ方から「おひなさまにネギを飾るのに驚いた」と聞いて、私もビックリ‼

　なぜネギ？そもそもネギをどうやって飾るんだろうか？と頭のなかは「？」だらけです。

　安曇野市豊科郷土博物館学芸員の宮本尚子さんによると「安曇野のどこか特定の地区でやっている風習ではないんですが、何か所かネギを飾っているお宅はありますよ」とのこと。いつからはじまった風習なのかはわかっていないそうですが、庶民にひな祭りの文化が広がったのは江戸時代なので、どんなにさかのぼっても江戸時代だそうです。

　ではなぜネギなのか？「根っこがついたまま飾るのが大事なんです。ネギはどこへ植えてもそこで根づくから、女

の子が嫁いだ先のお宅にしっかりと根づくようにという思いや、きれいに洗ったネギは白くてピカピカとしているから、色白のきれいな女の子が育つようにという願いもあるみたいですよ」。ほかにも、「飾った2本のネギはおひなさまのお箸で、ごちそうを召し上がっていただくという話も聞いたことがありますね。また節分にイワシを飾って魔除けにするように、においの強いネギで魔を払うと言っていた方もいました」とのことです。

　一風変わった文化ですが、子どもの健康や幸せを願う気持ちはどこの家でも一緒です。宮本さんが「100の家があれば100通りのやり方があるんですよね」と言うとおり、お母さんの文化にお嫁さんの文化が加わりながら、それぞれの家の文化ができていくのは、おもしろいと思いました。

〈調査隊員：久野恵美子〉

信州うわさの調査隊

山形村の清水寺と京都の清水寺の深い関係とは？

清水寺といえば、京都の清水寺を思い浮かべると思いますが、じつは山形村にも清水寺があるんです。読み方も「きよみずでら」です。

報告書 No.065

2014年3月21日放送

　標高1200mの山の上。修学旅行生でにぎわう京都の清水寺とは違い、山形村の清水寺はとても静かな場所にある小さなお寺です。現在は住職も檀家もなく、管理人夫妻と村の人たちが守っています。

　どんな歴史のあるお寺なのか？同名の京都の清水寺とは関係があるのか？山形清水寺絆会の小林政幸会長と竹野入実副会長にお聞きしました。

　村の言い伝えによると、山形村の清水寺の創設は729年とされていて、778年創設の京都清水寺よりも古くからあるとされています。坂上田村麻呂が山形清水寺で祈願をしたところ、みごと勝利し、ご本尊を山形から京都清水寺へ移したといわれています。

そして、とても深いご縁があるのです。「昭和21年(1946)、京都清水寺の貫主(かんす)に山形清水寺の住職の娘さんが嫁いでいるんですよ」。山形村の人た

ちの依頼により、山形清水寺の千手観音の検証に来た京都清水寺の大西良慶貫主。その際に出会った山形清水寺住職の娘の真澄さんに魅かれたそうです。そのとき、大西貫主は77歳、真澄さんは25歳だったというので、ドラマのような話です。52歳の差があった2人ですが、とても仲が良いご夫婦だったということです。

昭和21年に京都へ嫁いだ真澄さんのご縁で、その後も交流は続いていますが、この絆をより大切にしていこうと平成25年(2013)には山形清水寺絆会も結成されました。現在の京都清水寺の森清範貫主は、山形清水寺の御開帳にも来てくださったそうです。

「森清範貫主が講話の一番はじめに、『山形の清水寺は、京都の清水寺の親せきですから』って言ってくださったんですよ」と竹野入副会長。「森貫主が、ぜひこのご縁を細く長く続けていきましょうと言ってくれた。この絆をだれかがつないでいかないとね」と小林会長。村の小さなお寺には、大きな大きなドラマが詰まっていました。

〈調査隊員：久野恵美子〉

信州うわさの調査隊

南信州には、春を感じる音があるらしい！

春を感じる音とはいったいどんな音なんでしょうか？それは、あるものを食べたときに出る音だということで、その正体を調べてきました！

報告書 No. 066

2014年4月3日放送

それは、耳には「キュッキュッ」とか「ギコギコ」とかいうふうに聞こえるんです。その春の音を奏(かな)でるものの正体について聞いてみると、「この時期にはかならず食べる」「あの香りと苦みがたまらない」「あのキュッキュッという歯ごたえを楽しむもの」と、地元の人に親しまれているのが伝わってきます。

その音の正体は、青い葉っぱの食べ物「おこぎ」です。でもこれは飯田下伊那地方の言い方で、正式には「うこぎ」と呼びます。昔の文献には、諏訪や上伊那地域では「おこげ」といわれていたという記録もあります。

南信州の代表的な山菜で、春の訪れをいち早く告げる食材として、ハウスものは1月ごろから出はじめますが、旬

はやはり4月で露地物が本格的に出荷されます。とげの上に芽吹いた芽をいただくのですが、葉っぱが大きくなればコワくなってしまうので、木にびっしりついた、2～3cmくらいの新芽を、とげに気をつけて採っていただきます。買って食べるものというよりは、庭から採ってきていただくということのほうが多かったそうです。

　その歴史は古く、平安時代には日本に存在していたという記述もあり、一部は中国から漢方薬として持ちこまれたともいわれ、江戸時代にはかなりポピュラーな食材だったようです。飯田青果の矢崎さんによれば、おこぎの出荷は地元が9割ほどを占め、まさに「伊那谷の味」です。さらに、全国でも、飯田下伊那と山形県の米沢の2か所でしか食べられていないとか。

　なぜ、飯田下伊那と米沢にだけ残っているのか？米沢には大飢饉に備えるという理由から殿様が広めたという歴史がありますが、飯田でなぜ残っているのかはわからないんです。

　くせがあるので、たくさんいただくことはできませんが、春になると一度は食べておかないとなにか物足りない、気がすまないという感じ。そんな伊那谷特有の春の味覚です。ぜひその独特な音と食感をお楽しみください。

〈調査隊員：西村容子〉

信州うわさの調査隊

松本城のお堀には巨大な魚がいるといううわさ。

松本城の堀になんと1mを越えるという巨大な魚がいるらしいのです！半信半疑でしたが、真相を真剣に調べました。

報告書 No.067

2014年4月11日放送

　まずは張りこみ調査。お堀をのぞきこむこと1時間。……いない。

　次は、やっぱり聞きこみ調査。スタッフの方に聞いてみました。すると、「何匹もいるよ〜。草魚っていうだよ」と有力情報です！黒門、埋の橋（赤い橋）、北門のあたりでよく見かけるとのこと。さっそく黒門のすぐ下のお堀に行ってみると、いたんです！3匹いました。巨大な魚「草魚」です。草魚のまわりには、50cm以上ある大きな鯉がいますが、それと比較してみても、その大きさにびっくりします。間違いなく1m以上はあると思います。

　北門のお堀では、2匹がゆうゆうと泳いでいました。鯉に似ているけれど、口のあたりが違うんです。大きな口を

開けて、藻をガ〜っと飲みこんでいました。図鑑によると、大きなものでは1m以上にもなります。草食性で、水草のほか水面にただよう陸上植物も食べる。原産は中国。日本へは、明治以降にたんぱく源として輸入され、各地の川や湖沼に放流されましたが、生態系を損なうことから近年ではあまり放流されていません。

なんでお堀にと疑問が残りますが、松本城管理事務所長土屋彰司さんによると、何十年も前に、水草や藻の除去対策として、草魚を放したことがあるようです。ただ、近年は放流していないので、おそらくそのときの魚が数匹、残っているのかもしれない、とのこと。

松本城のお堀には1mを超える巨大な魚がいる、といううわさは真実でした。〈調査隊員：塚原正子〉

信州うわさの調査隊

JR上諏訪駅前の立ち食いそばはコンビニのなか?!

信州はそばどころで知られていますが、さすがにコンビニのなかにあるそば店は全国でもめずらしいんじゃないでしょうか？

報告書 No. 068

2014年4月4日放送

上諏訪駅に一番近いコンビニに入ってみると、ありました「そば千」。自動券売機があって、そばを食べるカウンターもちゃんとあります。まさに、立ち食いそば屋です。コンビニの入り口とは別に入り口があって、そこに大きな看板とのぼり旗がありました。観光客は、この看板を見て入ってくることが多いんですって。

じつはこのお店、地元では有名なんです。店長の河西孝明さんが、立ち食いそばの大ファンで、上諏訪駅の立ち食いそば

がなくなってしまったことをきっかけにはじめたそうです。「駅のそば屋さんがなくなってしまったことで、私も含めて地元の人たちがとてもさびしい思い

をしていたんです。みなさんに便利に利用してもらえたらと7年前にはじめました。24時間営業ですから、お昼はもちろん、朝、それから飲んだあとの締めに、という人もいます」とのこと。

　またコンビニのなか、というのがすばらしい。なにせ、店のなかの食料品全部がサイドメニューになるんです。おにぎり、唐揚げ、コロッケ、デザート……。諏訪の地酒も置いてありますから、なかにはお酒をいただきながら、なんて人も。

　麺はこしがあって、つゆは優し〜い味。天ぷらは注文してから揚げてくれるので、サックサク。かけそば350円、天ぷらそば440円と、安い・旨い・早いの立ち食いソバの条件をすべてクリアしています。地元の方にも、観光客の方にも愛されている、コンビニの立ち食いそば屋さん。ぜひ味わってみてください。

〈調査隊員：塚原正子〉

信州うわさの調査隊

長野市には雨でも傘をささない小学1年生がいる？

小学1年生だけが雨が降っても傘をささない学校が長野市にあるらしいのです。それはどんな理由からなのでしょうか？

報告書 No.069

2014年4月22日放送

うわさの真相をたしかめに長野市の小学校に行ってみました。その小学校は、長野市の中心部にある鍋屋田小学校。明治37年（1904）に設立された創立110年の歴史ある学校です。

さっそく、1年生に「雨が降っても傘はささないの？」と聞いてみました。すると、鍋屋田小学校の児童では、そうだと知っている子と知らない子が半々くらい。なかには、傘をさしているところを6年生に見られたらたいへんなことになると思い込んでいる子までいまし

た。

これでは、真相がわからない。ただ、どの子も傘は持っているけど学校には、持ってこないという。そこで6年生に話を聞いてみました。

6年生の話では、「1年生のときには傘はささなかった。2年生になるとOK」とのこと。その理由はといえば、傘は危ないからささない。だからといって濡れたまま歩くのではなく。雨ガッパを着て歩くそうです。

鍋屋田小学校では、入学準備の際に用意する物の1つにカッパがありますが、とくに傘をさしてはいけない正式ルールはないらしく、保護者の協力で長年良い伝統として続いているそうです。長野市内のほかの学校でも同じように傘でなく、できるだけカッパの着用をお願いしている学校がほとんどだそうです。

そのなかでも着用率が高いのが鍋屋田小学校で、それは長野市街地中心部の小学校であること、繁華街が近くにあることなどから登下校時の交通安全意識が高いからなのかもしれません。

〈調査隊員：竹井純子〉

信州うれしの調査隊

岡谷市鶴峯公園がツツジの名所になった意外な理由。

鶴峯公園は、中部随一のツツジの名所となっています。ある勘違いがなければ、ツツジの名所にならなかったというのです。

報告書 No. 070

2014年5月16日放送

　岡谷市川岸地区にある鶴峯公園は、小高い丘全体にツツジが植えられ、その数はなんと30種類3万株！春には県内外から大勢の観光客が押し寄せるツツジの名所として知られています。

　なぜ、3万株ものツツジがここに植えられたのでしょうか？ボランティアガイドまちなか観光案内人の小口広之さんに教えてもらいました。

　昭和10年（1935）、製糸業で名をはせた片倉家が、川岸地区（当時の川岸村）の自分の土地だったこの公園を寄贈したそうです。村としては、せっかくいただいた公園なんだから、ツツジでも植えようかと、埼玉県の業者に300株を発注したんです。

[146]

　ところが、岡谷駅に届いたツツジは、300株ではなく、貨物車3台分の3万株だったんです。「天下の片倉家の土地に植えるのだから、300株のはずはない。3万株だろう」って、業者が間違えちゃったんですって。

　これには村中が驚き、村長さんもビックリ。そして、村中で相談した結果、「せっかくだから、みんなで植えよう！」という決断をしたんです。何日もかかって、みんなで協力して植えたんだそうです。これが鶴峯公園がツツジの名所になった「意外」な理由です。最初は間違いからだったんです。

　ツツジはとくに、手入れがたいへんだそうで、地域の人の手で植え、その後も愛情を持って守ってきたんだそうです。「この公園は、地域の宝物だよ」って地元のお父さんたちが話してくれたのが印象的でした。〈調査隊員：塚原正子〉

長野県の郵便番号には謎がいっぱいあるらしい?

郵便番号は、とても身近なものですが、知らなかったことがいっぱいでした。今回は「395」「399」の郵便番号にこだわって調査してみました。

報告書 No.071

2014年5月22・29日放送

　長野県の郵便番号の区分は「38」のグループと「39」のグループに分かれています。どんな分け方をしているのか? 飯田郵便局の成宮拡見(ひろみ)さんにおうかがいしました。

　基本的には「38」が東北信、「39」が中南信。長野県の3分の2が「39」のエリアになります。これは車の松本ナンバーと長野ナンバーの区切りと同じらしいんです。

　でも、どうして北と南で単純に分けなかったかというと、そこには鉄道が影響していました。かつて郵便は鉄道を使って運ばれていました。大町へつながる大糸線は松本を起点にしているので、松本で管轄したほうが便利ということで、小谷村まで「39」エリアとなりました。

　飯田市内は本来395ですが、市外にも395のエリアが存

在し、一方で飯田市内でも399のエリアがあります。阿智村、平谷村、根羽村は鉄道がないため、飯田郵便局からトラックを使って配送していました。そのため、飯田郵便局の管轄ということで「395」になったそうです。一方、豊丘村と喬木村は隣接していますが、豊丘村は市田駅に降ろされた郵便を運んでいたので「399」、喬木村は飯田郵便局からトラックで運んでいたので「395」。郵便をどのような手段で運んだかが郵便番号と深くかかわっていたんです。また、下條村寄りの久堅地域や龍丘、龍江地域は飯田線の駅があり、主要郵便局である飯田郵便局を介さないで配達ができたので、同じ飯田市でも「399」になったそうです。

ちなみに、長野県に配分された「38」と「39」は、その次に0～8の数字をつけて、主要郵便局（1日の取扱量の多い郵便局）に配分されました。中南信の中心である松本を390、それから順に391＝茅野、392＝諏訪、393＝下諏訪、394＝岡谷、395＝飯田、396＝伊那、397＝木曽福島、398＝大町というように番号が振り分けられました。ほかの駒ヶ根市や塩尻市などの市町村は全部まとめて399になったそうです。9つしかない主要郵便局の番号のおよそ半分が、諏訪に集中しています！これは郵便番号が制定された昭和43年（1968）当時の諏訪地域の産業がいかにさかんだったかということを物語っています。

郵便も時代を追ってどんどん変化してきますが、郵便番号は地域性をあらわす、時代の生き証人みたいなものなのかもしれません。

〈調査隊員：西村容子〉

軽井沢駅が駅そば発祥の地?しなの鉄道の豆知識!

軽井沢駅構内の「おぎのや」には「駅そば発祥の地」の看板が掲げられています。じつは軽井沢駅が駅そば発祥地だったんです。

報告書 No. 072

2014年5月26日放送

　駅そばは、駅構内でそばやうどんを提供する飲食店のこと。いまでは駅そばも当たり前になっていますが、じつは軽井沢駅が発祥の地だそうです。かつて碓氷峠(うすいとうげ)の急勾配(こうばい)を上るためには、かならず専用の機関車と接続する必要があり、列車は相当の時間、駅で待たされました。その待ち時間に目をつけて、明治30年(1897)ころにはじまったのが「駅そば」だったそうです。

　しなの鉄道にはほかにも知られていないことがいっぱい。まずは線路わきに優柔不断な鉄道標識を見つけました。「停車?」とあります。場所は、上田市の信濃国分寺駅付近です。しなの鉄道経営戦略部経営企画課によると、「これは『停車?注意喚起標識』といいます。信号機のない駅

の手前で、列車がその駅に停車するのかしないのかを運転士に確認させる目的で設置しています。信号機が駅の手前にある駅は、仮に赤信号を運転士が見落としたとしても列車を停止させる仕組みをもっていますが、信号機のない駅は、運転士の注意力で停止するかしないかを判断するしかありません。

とくに快速列車は、停車する駅としない駅がありますので、運転士はこの『停車？注意喚起標識』をはじめとする、駅が前方にあることを示す標識と、時刻表の両方を指さし確認することによって、二重三重の確認をおこなうことになり、確実な運転をすることができます」。

なるほど、納得です。この標識は、快速列車通過駅「屋代高校前、千曲、テクノさかき、信濃国分寺、滋野、信濃追分（上りのみ）」の計11か所にあるそうです。

ほかに豆知識として、しなの鉄道のいくつかの駅ホーム屋根や柱、跨線橋（こせんきょう）には昔のレールが鉄骨として再利用されています。坂城駅には129年前にドイツでつくられたレールが残されているそうです。また大屋駅は地元請願駅（地元住民の要望により開設された駅）として有名ですが、近代化産業遺産に認定されたそうです。待合室では大正11年（1922）設置の古時計がいまも時を刻んでいるそうです。

〈調査隊員：根本　豊〉

信州うわさの調査隊

松本深志高校には全国唯一の"香り高い"部がある！

おそらく全国でも唯一という部が松本深志高校にあるんです。その部には「鼻がきく」人がいるらしいのです。

報告書 №073

2014年5月30日放送

全国でもおそらくただ1つであろうという、とてもめずらしい部活動が、香道部です。部のはじまりは、いまから12年前。古典の授業で先生が話した香道に興味を持った男子生徒がいたそうです。香道とは香炉でたいた香木の違いや組み合わせを当てる伝統芸能。彼は、学校でその香道を体験する機会を得て、「もっと学びたい！」と、同好会を設立。時を経て、部活動に発展していったそうです。

「香道は、もともとは男性がやっていた遊び。だから、作法をきちんと覚えて、できるようになると、とてもカッコいいんですよ」と部長の布袋新太郎くん。背筋をピンと伸ばして正座して、1つ1つの動作を優雅にこなす姿は、ほんとうにすてきです。

　「奥が深いところがとても魅力的」「動作にすべて意味があるので、作法をもっとしっかり学んで身につけたい」「静寂のなか香りだけに集中する瞬間が好き」など、部員のみなさんも香道の魅力を熱く語ってくれました。

　講師の志野流香道師範の矢上千佳子さんは、「こんな若いみなさんに香道を教えることができて幸せ。香道は、作法、歴史、和歌、書、着物の知識など、日本人として身につけたい、さまざまなことを学ぶことができます。若いけれど、感性がすばらしい。香道で人間を磨いて、立派な大人になってほしいですね」と、とってもうれしそうに話してくださいました。

　全国でただ1つの部活動で、日本人の「伝統」「心」を、いっぱい学んでほしいですね。

〈調査隊員：塚原正子〉

上田市なのに、なぜ「塩尻小学校」があるの?

塩尻市には「塩尻小学校」という学校はなく、上田市に「塩尻小学校」があります。なんでこんなまぎらわしいことになったのか調査しました。

報告書 No.074

2014年6月3日放送

　塩尻市に塩尻中学校はありますが、塩尻小学校はないのです。あるのは塩尻東小学校と塩尻西小学校。じつは塩尻小学校は上田市にあるんです。日本百景になっている上田市の岩鼻や「上田・道と川の駅」付近、千曲川をはさんで反対側にあります。

　では、なぜこの校名になったのでしょうか。この「塩尻」という地名は、県内では塩尻市、上田市のほかに、下水内郡栄村にあります。信州には海がないため塩を生産することができず、かつては日本海側と太平洋側からそれぞれ塩売りがやってきていました。各地を回って売り歩いていると、ちょうど日本海側からの塩は塩尻市あたりで、太平洋側からの塩は上田市近辺で品切れになるため、終わりを意

味する尻をつけて塩尻という名前がついたと言われているそうです。また、塩の道の終点＝塩尻という説もあります。

上田市立塩尻小学校の倉科浩美教頭先生によると、塩尻というまぎらわしい地名の小学校なので、年に１回は塩尻市の小学校あての郵便物が間違って配達されるそうです。

そんなエピソードのほかに、上田市立塩尻小学校のめずらしい草花の話もお聞きしました。モイワナズナ（アブラナ科の多年草で北海道と岩鼻付近にしか自生していない絶滅危惧種）が学校の花壇に植えてあります。また小学校裏の虚空蔵山山頂に生えている天然記念物の「なんじゃもんじゃの木」が植えられています。夏には庭にハスの花が咲くそうですから、ぜひ一度見てみてください。

〈調査隊員：根本　豊〉

信州うわさの調査隊

松本神社にカップルで行ってはいけない、その真相は?

松本神社にまつわるこんなうわさを知っている人は、松本市に多いと思うんです。そのうわさの真相を調べてきました。

報告書 No. 075

2014年6月20日放送

　松本神社は、松本城の北側にある、松本城ゆかりの神社。うわさについて調査したところ、20代から70代までが、「有名なうわさですよね」と。70代の女性が、「50年前にお嫁に来たとき、姑から聞かされた」と話してくれましたので、もしかしたら100年近くにわたって、ささやかれ続けているのかも。

　そのうわさとは、「松本神社にカップルで行くと別れる」というもの。このうわさの背景には、まことしやかに語り継がれている物語

があります。

それは松本神社にまつられている松姫というお姫様が主人公。徳川家康の異父妹にあたる人で、あまり器量が良くなかった。松姫の器量が悪いことをふびんに思った家康が、家臣の松本城主戸田康長に松姫を嫁がせた。しかし、康長に相手にされず、世をはかなんで、松本城のお堀に身を投げた。とか、康長が松姫を外に出すことを嫌い、薄暗い乾小天守に閉じこめたとか。だから、松本神社へカップルで行くと、松姫が嫉妬して別れさせる。ちょっと怖い話ですよね。

松本城管理事務所研究専門員の南山孝さんに真相をお聞きすると、まず松姫は美人だったとのこと。松姫の肖像画は、ふくよかで美人です。さらに松姫は松本に来たことがなかった。松姫は24歳の若さで亡くなってしまい、夫の康長が松本城主になったのは、松姫が亡くなって29年後のこと。うわさは完全に、つくり話だったんです!

なぜこんなうわさができたのかは不明ですが、「松本神社には、松姫と松姫の子・永兼がまつられています。永兼は本来ならば松本城主となるところでしたが、若くして亡くなってしまった。永兼が亡くなったころから戸田家に不幸が続いたため、松本城主になれなかった永兼と、その母・松姫の悔しい思いが悪霊になって、戸田家に不幸を引き起こしたのではないかと恐れられて、ここにまつられるようになった。そんな経緯があったらしいですけれどね」とのこと。

松本神社のうわさにまつわる長年の謎が解けてとってもすっきりです。 〈調査隊員:塚原正子〉

1年に1回、1分間だけみんなが見つめる山がある?

信州人なら、だれにでもふるさとの山ってありますよね。飯田市には年に1回1分間だけ多くの人に見つめられる、ふるさとの山があります。

報告書 No.076

2014年6月26日放送

その時間は決まっていて、毎年6月1日11時11分です。なぜこの日かというと、「写真の日制定委員会」が昭和26年（1951）に制定した写真の日にふさわしいイベントとして、企画されたからです。

イベント仕掛人の伊藤幸治さんと三浦泰明さんにお聞きしました。写真の日に、同じ時間にいろんな角度から同じものを撮ったらおもしろい！そんな遊び心から生まれたのがこのイベントです。北は松川町から南は下條村までいろんな場所から見られるということで、飯田市のある山が選ばれました。イベント名は「6月1日に風越山を撮ろう」。そう、多くの人に見つめられるふるさとの山は、飯田市のシンボル「風越山」なのです。

時間は、覚えやすいように11時11分。朝早いと天竜川のもやがかかることがあるし、午後は風越山が陽を背負って影になってしまう。絶好の時間が11時11分だったんだそうです。その1分間にどれくらいの人が風越山を見つめているかと言いますと、多いときで400人以上。多くの人たちが、その日を楽しみにしているんです。出品

される作品もさまざま、ずっと同じ場所から撮り続けている人や、家族の成長を記したものなど、風越山への思いが詰まった作品ばかりです。

風越山は飯田市民にとっては特別な山で、古くは信仰の山であり、「飯田市は風越山の懐のなかにある」という感じの山なんです。「ふうえつざん」と呼ぶ人もいますが、「かざこしやま」と正式に決まりました。風越山の正面論争もあり、呼び方も含めさまざまな論争が起きるというのは、多くの人に愛されている証拠です。

撮影された写真は、展示されたあと飯田市歴史研究所に寄贈されるそうです。回を重ねるごとに大切な歴史的資料にもなりつつあるようです。年に1度多くの人に見つめられる山「風越山」は、飯田市民にとって、欠くことのできない大切な山でした。〈調査隊員：西村容子〉

信州うわさの調査隊

上小地区の道端に木彫りのお地蔵さん、その正体は!?

上田小県周辺では、木彫りのお地蔵さんがあちこちに立っていますが、その正体とすご～いご利益が話題になっています。

報告書 No. 077

2014年6月30日放送

　東御市の千曲川沿いの道路から川に降りる小道のあたりに木彫りのお地蔵様が立っています。このあたりは陰になっていて粗大ゴミなどを隠れて捨てやすい、いわゆるポイ捨てや粗大ゴミ不法投棄ポイントです。そこで木彫りの「ゴミ無し地蔵」が建立されたのです。

　その効果はとお聞きしたところ、地蔵様の目線効果＋付近の方々が地蔵様を大事にしてくれていることから住民の目があってポイ捨てしにくいようで、効果は抜群！

　これを制作したのは長和町姫木平でペンション「おはようパウロ」を経営している尾上靖忠さん。10年以上前に地元の長和町で清掃活動している団体が、ゴミの悩みを話して木彫りの地蔵様を制作してくれるよう依頼したのがは

じまりだそうです。

地蔵様の表情は、目をつぶっていたり、笑顔だったり1体1体なぜか違うそうです。材料は、捨てられてしまう近くの林のカラマツ間伐材(かんばつざい)だそうです。

「ゴミ無し地蔵」は現在、上田市・東御市に2体ずつ、青木村に1体、長和町に9体の計14体置かれています。基本的にはゴミが捨てられやすい目立たない場所に設置されていますが、確認しやすい場所では国道254号沿いの上田市西内地区「鹿教湯温泉」入り口ポケットパーク、長和町和田の国道142号新和田トンネル近くにある「名水広場」駐車場にあるそうです。

各地のお地蔵様は、頭巾(ずきん)をかぶせてもらったり、お供え物が置いてあったりと、地域の方々に大事にされているようです。「実際ゴミが減っています」という報告も届いているということです。

これからも依頼があれば無償で彫りますとのことでしたが、もうこれ以上は彫らなくていいような世の中に、なってほしいものです。

〈調査隊員：根本　豊〉

信州うわさの調査隊

伊那谷でしか売っていない豆腐製品があるらしい！

伊那谷、それも飯田下伊那地域でしか手に入らない豆腐製品があるというのです。その名も「粉豆腐」。どんなものなのか調査してきました。

報告書 No.078

2014年7月3日放送

　豆腐製品といえば、いろいろありますが、飯田下伊那ではまず「粉豆腐」。地元の人に「粉豆腐」について聞いてみると、ほとんどの人が知っている飯田下伊那では超スタンダードな食べ物でした。「これ、飯田下伊那でしか売られていないんですよ！」というと、まず「え〜？ほんとうですか？」という反応！それだけ当たり前の製品なんです。

　スーパーにはズラ〜っと高野豆腐と一緒に並んでいて、「おから」だと思っている人も多いようです。そこで旭松食品研究所長の村澤久司さんにこの粉豆腐の正体をお聞きしました。村澤さんによると、粉豆腐とはいわゆる高野豆腐、凍み豆腐といわれる、あの固形物を粉状にしたもの。ですから成分は高野豆腐とまったく同じです。見た目は「おから」

でも、粉豆腐は、タンパク質50％、脂肪30％という栄養価の高い食品。豆腐のもととなる豆乳をしぼったあとに残る「おから」とはまったく成分が違うものなんです。し

かも、食べやすいので、たくさん栄養を摂取できるんです。

粉豆腐の誕生は、JIS規格の制定がきっかけでした。高野豆腐の製造中にヒビが入ったり、割れたものなどが、製品として売ることができなくなってしまい、廃棄するのもしのびないということで、それを粉にしてできたのが「粉豆腐」でした。ですから粉豆腐の誕生はJIS規格と同じ昭和58年（1983）。

旭松食品への問い合わせで一番多いのが、粉豆腐に関する質問だそうです。そのほとんどが、東京や大阪などから「どこに売っていますか？」というものなんだとか。

なぜそれだけ人気があるのに、飯田下伊那くらいでしか売られていないんでしょうか？それは、高野豆腐の規格外商品のみが粉豆腐になるからです。業者とすれば、はね出しは極力少なくしたいのは当たり前。たまたまできてしまった物が「粉豆腐」という製品になるので、できる量自体が少ないんです。粉豆腐は生産ライン自体がないんです。

最近では粉豆腐のもと高野豆腐が身体にいいという実験結果が出ました。一度味わうとやみつきになってしまいますので、ぜひ味わってみてください。〈調査隊員：西村容子〉

日本銀行の支店が長野市ではなく松本市にある理由は?

全国の日銀の支店32か所のうち県庁所在地にないのはわずか5か所だそうです。なぜ、長野県は長野市ではなく、松本市に支店ができたのでしょうか?

報告書 No.079

2014年7月4日放送

　日本銀行松本支店は、平成26年(2014)7月1日に開設100周年の節目を迎えました。大正3年(1914)、現在の松本郵便局が建っている場所(本町)に、日銀10番目の支店として開設されました。現在の丸の内、お城の東側に移転したのは昭和33年(1958)だそうです。

　なぜ、支店が長野でなく松本だったのか。教えてくれたのは日本銀行松本支店支店長の林新一郎さんです。理由は2つあり、1つは製糸業の集積地が近いため。明治から昭和にかけて製糸業は、外貨獲得のため重要な産業でした。日銀も製糸業に、金融機関を通じて積極的な資金援助をしたため、諏訪・岡谷地域に近い松本市に支店を開設したそ

うです。

　もう1つは、山梨県も業務区域としていたためです。当時は山梨県も業務区域だったことから、長野県と山梨県の中心部に位置し、かつ関東・関西とのアクセスが良いという理由から、松本市に支店を開設したそうです。

　ちなみに、日本銀行の支店は全国の都道府県に設置しているわけではなく、県庁所在地以外にある支店も、松本のほか、釧路（北海道）、函館（同）、下関（山口県）、北九州（福岡県）の5つあるそうです。

　日本銀行の支店の役割をお聞きしたところ、①金融や経済の実態を調査・分析し、金融政策に役立てる。②発券銀行として、金融機関を通じてお金を流通させる。ちなみに松本支店が取り扱っているお金の総額は約1兆円。③銀行の銀行、政府の銀行の役割をする。などの業務をしているとのことでした。　　　　　　　　　〈調査隊員：塚原正子〉

あのユーミンが園歌の作詞作曲をした保育園がある？

保育園の園歌をつくったり、サプライズで中学の卒業式を訪ねたりする、ユーミンとかかわりの深い町があるというので調査してきました！

報告書No. 080

2014年6月9日放送

　その保育園は、北佐久郡立科町のたてしな保育園。この保育園の園歌をあの国民的シンガーソングライター、ユーミンこと松任谷由実さんが作詞作曲したのです。

　でもなぜ？ユーミンと立科町のかかわりを話してくれたのは、立科町教育委員会の塩澤勝巳教育長です。「ユーミンは、立科町に山荘を所有していて、5、6年前に偶然に町内で写生していた立科中学校の生徒と言葉を交わしました。これをきっかけに、ユーミンが同校の文化祭で歌ったり、サプライズで卒業式を訪ねたりして交流があったのです」とのこと。

　そこで、町教育委員会が平成25年（2013）4月に開園した「たてしな保育園」の歌を、ユーミンに依頼したと

ころ、承諾を得て、翌26年4月の入園式でお披露目されたのです。ユーミン本人は全国ツアー中のため出席できませんでしたが、メッセージを寄せて、「将来町を離れることがあっても、立科を思い出せる曲になったらうれしい」と思いを伝えたそうです。ユーミンの所属事務所によると、依頼されたとき、ユーミンは園歌を幼い子でも歌いやすい詞と曲にすると張り切っていたそうです。

　ユーミンが教育施設や保育園のために楽曲をつくるのは、昭和49年（1974）、荒井由美時代に長崎県の奈留高校のために「瞳を閉じて」を作詞作曲して以来、2度目のこと。ほんとうにめずらしいことで、町の依頼にも快く応じてくれたユーミンの気さくさと心意気にも感動しました。

　「たてしなっこ　たてしなっこ　ずっとなかよく」と子どもたちが元気に歌う声が今日も町に響き、いつまでも大切に歌い継がれていくことでしょう。

〈調査隊員：根本　豊〉

キングギドラが地球上で、はじめて襲った町は松本?

怪獣映画のゴジラシリーズに登場するキングギドラって知っていますか?じつは初登場のとき、松本市を襲っていたのです!

報告書No.081

2014年8月29日放送

　キングギドラの特徴は、3つの頭、2つの長いしっぽ、全身を覆う金色のウロコ、そして腕の代わりに巨大な翼。姿形が、なかなかカッコよくて、派手な怪獣です。

　さて、そのキングギドラにまつわるうわさはほんとうなのでしょうか?松本シネマライツ副支配人の柳島健さんにうかがいました。キングギドラが初登場したのは、いまから50年前の昭和39年(1964)公開の「三大怪獣 地球最大の決戦」という映画。卵のようなエネルギーの塊が黒部ダムに落ちてきて、そこからキングギドラが誕生!生まれたてのキングギドラは、ギャ〜ッと雄たけびをあげて飛び立ちます。行先はなんと松本。松本の町を襲うんです。まずは松本城。瓦が飛ぶ飛ぶ!そして町のなかで逃げまど

う人びと。縄手(なわて)通り、上土(あげつち)、中町、伊勢町などなど、ほんの一瞬ですが、あちこちがスクリーンに登場します。

「ゴジラ映画といえば有名な建築物を壊すというのが定番。やはり、松本城は国宝ですから、壊したらすごいよねみたいな話になったんじゃないでしょうか。当時、松本市民はきっととっても喜んで映画をご覧になったのではないかと思います」と柳島さん。いま見ても、ここはあのお店！この看板はまだある！って感動します。

でもじつはゴジラ映画と松本の縁は、これだけじゃないんです。この10年後に「ゴジラ対メカゴジラ」という作品が公開されたんですけど、このメカゴジラのデザインを手がけた方が、松本出身の井口昭彦さんという方。メカゴジラだけでなく、キングシーサー、チタノザウルス、なども井口さんのデザインなんですって。

意外なことにゴジラと松本に深いつながりがあることを知りました。　　　　　　　　　　〈調査隊員：塚原正子〉

信州うわさの調査隊

軽井沢で注目を集めている「カルビ」がある!?

カルビといっても焼き肉じゃないんです！それは枠にとらわれない自由な発想で活動している、美術部の略称なのです！

報告書№.082

2014年9月1日放送

　軽井沢で注目を集めているカルビとは？じつは軽井沢高校美術部なんです。カル井沢高校ビ術部だから略して「カルビ」。なぁーんだとお思いでしょうが、深イイ話なんですよ。この「カルビ」は、美術部員が減少して休眠状態、廃部寸前だった部を、丸子修学館高校から転任してきた美術教諭の斉藤篤史先生が生徒に声かけして2年前から再開させた部活動なんです。美ヶ原高原美術館で開催されたアルプスの少女ハイジ展ではヤギの着ぐるみを着てヤギのパフォーマンスを披露するなど、美術の枠を超えてさまざまな活動をしています。

　では、美術部なのになぜこんなパフォーマンスをはじめたのか？カルビ顧問・斉藤先生はもともとデザイナーで、

演劇やライブなどにも積極的に出かけていたそうです。美術教師なのに美術以外が大好きで、他ジャンルとアートとのクロスオーバーが興味の中心だったようです。

丸子修学館高校ではじめて美術教諭になり、美術部顧問時代は美術部を通称「マルビ」と名づけ、部員は各地のギャラリーなどで積極的に「展覧会」という名の作品群を出品していました。軽井沢高校に転任後も、「マルビ」の部員や顧問の先生との交流は続いており、合同展など共同活動を積極的におこなっています。

「枠にとらわれない自由な発想は、多感な高校生にとってチャンスを広げてくれる」「きっかけ１つで、ちょっとした刺激１つで高校生は大きく変わる。その手助けをしたい」と斉藤先生はインタビューで語ってくれました。

絵画や彫刻など、いわゆる「美術」という枠にとらわれない美術部の「カルビ」。日常の美術部のメンバーの表現をとおして、「アートの力で日本を元気にしていきたい」という、「カルビ」の心意気と表現に今後も注目していきたいですね。

〈調査隊員：根本　豊〉

信州うわさの調査隊

カッパの妙薬を発見！ほんとうにカッパはいたのか！？

カッパの妙薬なる薬が駒ヶ根市で見つかったというのです！その名は「加減湯」。いったいどんな薬なのか、さっそく調査してきました。

報告書№083

2014年9月11日放送

　「カッパの妙薬(みょうやく)」は、水が干上がったカッパ淵(ふち)に困り果てたカッパが、高遠藩の川奉行である中村新六に助けてもらったお礼に教えたという通風の薬「加減湯(かげんとう)」。中村家でしかつくることができない秘伝中の秘伝の薬。その妙薬の実物が駒ヶ根市で見つかったというので、いまも調合の仕方を記した書物を門外不出で守っている中村家を訪ねてきました。

　かつての川奉行のお屋敷の風情をいまも残す中村家。お座敷に上げていただき、その歴史を受け継ぐ　中村幸子さんにお話をうかがいました。それによると「カッパの妙薬」が見つかったのは、耐震のために1年間かけての工事が終わり、片づけてあった荷物を戻しているときに息子さ

んが見つけたんだそうです。

「ばあば！なにかある！」、袋を見ると「加減湯」の文字‼ 書物や手紙に記録はあったんですが、実物が残され

ていなかったので、驚きと喜びでいっぱいだったそうです。この加減湯は、「痛風・リュウマチ」の薬で、煎じて飲む薬と、粉状にして日本酒で溶かし湿布のようにして使う薬と2種類あったようで、この実物の発見に「話には聞いていたが感慨無量だ」と話してくれました。

実際にその見つかった加減湯を見せていただくことができました！ 茶色い木のかけらがいっぱい入っている感じです。香りはどうかと鼻を近づけてみましたが、まったくの無臭でした。封印もされ、袋には「半週分60銭」と記されています。なかの説明書きには、ちゃんとカッパの絵が描かれていますが、字はよく読めません。

薬の原料に関して詳しいことはうかがえませんでしたが、当時中国から仕入れた材料が8種類ほど入っているらしく、蔵にしまってある調合の書物を見れば、いまでも同じように薬はつくれると、中村さんは話してくださいました。

さらに中村家には、カッパが住んでいたという池が、屋敷の裏にいまでもそのまま残されているというから驚きです。ちなみにカッパの体長は30cmほどだったといいます。意外と小さかったんですね。〈調査隊員：西村容子〉

信州うわさの調査隊

黄門さまが絶賛した小布施町の栗の秘密を探れ！

なぜ小布施町は栗のまちになったのでしょう？それにはあの水戸の黄門さまの力があったのです。そんな小布施栗の秘密を調査してきました！

報告書№084

2014年10月14日放送

　毎年、秋になると小布施町の栗農家さんから電話がかかってきます。「今年も栗拾いにくるかい？待ってるよ」と栗拾いのお誘いです。でもなぜ小布施町は栗のまちになったのか？なぜこんなにも栗の木が多い？そんな疑問を小布施の歴史に詳しい高井鴻山記念館館長の金田功子さんに教えていただきました。

　それによると、栗の木は縄文時代から日本全国各地にあって、当時の人びとの貴重な食べ物だったそうです。小布施の栗は、江戸期には徳川将軍へ献上栗とし

[174]

て納められましたが、とくに絶賛したのがあの水戸の黄門さま。「この紋所が目にはいらぬか！」「かっかっか」の黄門さまです。

　水戸黄門といえば美食家で知られ、なんと全国おいしい物リストなるものを作成していたのです。そのなかに、小布施栗の名があるそうです。リストを見ると、「甲州ブドウ」「紀州梅」、そして「信州小布施栗」とあります。小布施の地名がしっかりと入っています。すでに、この時代には小布施栗として、ブランドができあがっています。あまりのおいしさに小布施栗を地元の水戸に植えて育て、広めたそうです。

　では、なぜ小布施栗はおいしいのか？それは栗が良く育つ条件がそろっているからです。水はけがよく、日当たり最高。さらに酸性土壌。この酸性土壌が一番のポイントだそうです。そんな、黄門さまに愛された小布施栗は、小布施町の至るところに植えられ、各家庭にも最低１本はあります。

　しかし、栗の木が植えられていない地域があります。それは小布施町押羽地区で、栗よりも稲作に適しているからですが、それを民話にしていまに伝えているそうです。それは押羽を神様が通ったときに、いがのついた栗が落ちて神様の目が見えなくなってしまい、それからこの地区では栗をつくらなくなったというお話です。

　今度、小布施栗を食べるときは、水戸の黄門さまにも思いをはせて味わいたいものです。

〈調査隊員：竹井純子〉

信州うわさの調査隊

伊那で発見した日本一の石の庭園！その正体とは？

石でできた庭園っていったいなんでしょう？枯山水のような庭園？それは、あるものが敷き詰められた庭園でした！

報告書№. 085

2014年11月6日放送

　その庭園は、伊那市西春近の深妙寺(じんみょうじ)にありました。伊那谷を縦に貫く、広域農道沿いにあるお寺で、「あじさい寺」と言ったほうが有名なお寺です。住職の重盛快典さんが迎えてくれました。

　さっそく、その石の庭園に案内していただこうと、「で、石の庭園はどちらですか？」とうかがうと、「いま、足もとに広がっているのがそうなんですよ」とのこと。足もとを見てみると、丸～い石が……、これは「石臼(いしうす)」なんです。おもに穀物などを砕くために使われた石臼が、こちらのお寺の境内に、びっしりと敷き詰められているんです！境内、結構広いんですが、玄関口となる石段から本堂に向かって、さらに十文字を描くように各お堂や庫裏(くり)に向かってびっし

り敷き詰められています。

 どうして、こんなにたくさんの石臼がお寺に集まってきたんでしょうか？この地域では、江戸時代ごろから一般の家庭にも石臼が普及しはじめたそうですが、使えなくなってしまった石臼を寺院に奉納する風習があったんだそうです。多くの人が、お寺に供養(くよう)をお願いして、その集まった数、なんと2000個以上！ 100個単位で奉納されているお寺はほかにあるそうですが、2000個というのはすごい数字でこの数は日本一なんです！

 こうして並べられた石臼は、雨が降るととってもきれいな光景を見せてくれるんだそうです。石臼は、片方が皿のようにくぼんでいて、そこに雨水がたまるんですって。そうすると石臼の水の鏡に景色が映りこんで、とってもきれいなんだそうです。それにしても石臼の庭園は圧巻でした。

〈調査隊員：西村容子〉

信州うわさの調査隊

全国でもめずらしい、登り窯のある小学校が上田市に！

なぜ小学校に登り窯があるのか、窯でなにをつくっているのか？興味をそそられたので調査してきました。

報告書№.086

2014年11月10日放送

「登り窯(のぼりがま)」がある小学校は、上田市立西内小学校。全校児童50名あまりの小さな小学校です。登り窯は斜めの地形を利用して、炉内を高温に保てるのが特徴で、製品の均一という点で優れているそうです。久保田泰弘先生によると、「昭和63年（1988）に当時の清水校長先生が『この山間地域に理想郷を』と掲げた指針のもと、図工科

の研究発表の際、地域で採れる粘土を使った陶芸のために初代の窯がつくられた」とのこと。県内で窯を持つ小学校は２校あるそうですが、もう１つの小学校は合併で閉校が決まっているので西内小学校が県内では唯一になるそうです。

　登り窯は現在２代目で、ＰＴＡや有志、職員の方々が各地の窯を見て歩いたうえで、手弁当で築きました。地元のみなさんの子どもたちへの深い愛情が感じられます。

　11月に全校児童と職員が作品を制作し、２月には６年生が親子で卒業制作として大きな壺（つぼ）づくりに挑むのが恒例行事となっています。1200度にもなる高温で焼き上げる窯焚きには３日間、３時間交替で職員やＰＴＡも協力して寝ずの番であたるそうです。窯内が1000度を超えると煙突から幻想的な「鬼火」が吹き出す、これが大迫力だそうです。先生によると「６年生は親と一緒に学校に泊まりこみでやっています。児童の数が少ないこともあって、みんなで窯を囲んでいると家族のような気持ちになります」とのこと。

　作品の独創性にも成長の様子がよくあらわれ、美しいものに感動する心や、人や郷土とのつながり、友だちの作品への敬意など、心を育むことにより成長が見てとれるそうです。

　なにより自分たちの学校にしかない登り窯が子どもたちの誇りであり、窯焼きで作品をつくり上げることがなににも代えがたい貴重な体験になっています。

〈調査隊員：根本　豊〉

切ったら驚くこと間違いなし！中野市のびっくりリンゴ！

中野市でびっくりなリンゴを発見しました！なかまでまっ赤なそのリンゴ、できるまでには親子のあったかい話があったのです！

報告書№. 087

2014年11月11日放送

　リンゴ界に、見た目にも楽しいリンゴが登場しました。ぱっと見ると黄色と赤みの強い普通のリンゴですが……、なんと切ってみるとなかまでまっ赤に色づいています。これは中野市のリンゴ生産者で育種家の吉家さんが育てた「いろどり」と「なかののきらめき」です。

　じつは切るとなかまで赤いリンゴは以前からありましたが、それはあくまでも観賞用や加工用として利用されていました。が、吉家さんの娘さんが、幼稚園のとき「見た目にも楽しくおいしいリンゴがあったらいいな〜」と言った一言で、吉家さんが一念発起。改良を重ねて、娘さんへのクリスマスプレゼントに「紅玉」と「ピンクパール」を交配した「いろどり」という新しいリンゴをつくりあげまし

た。さらに彼女が小学校を卒業するまでに「いろどり」をもとに「王林」と交配させた「なかののきらめき」、「いろどり」と「ふじ」を交配

させた「なかの真紅(しんく)」「炎舞(えんぶ)」「ムーンルージュ」の全部で5種類の赤いリンゴをつくりだしたそうです。

そして、そのうちの「なかののきらめき」「なかの真紅」の2種類は生産者を中野市限定にして、地元の特産にしたいという考えのようです。

実際のお味は？これがおいしい。切って食卓に載せるとみんな口をそろえて「桃かと思った」という感想。果肉が赤く、酸味がやや強いのが特徴で、さっぱりと食べられるリンゴです。

「なかののきらめき」は、そのままでも十分おいしいリンゴですが、赤みがより強く出て、やや酸味が残るリンゴに仕上がっていますから、真っ赤なリンゴパイ、ロゼの色合いを持ったシードル、赤いリンゴジャムなどの加工品として登場するのではと期待が高まります。

大切な娘さんの喜ぶ顔が見たい。そんなお父さんの優しさから生まれたリンゴ。手に取るとそんな気持ちも感じられるすてきなリンゴでした。　　　　〈調査隊員：竹井純子〉

信州うわさの調査隊

木島平村でしか買えない年賀はがきがあるらしい!?

年末になると、あ〜！年賀状の準備しなくちゃと思いますよね。そんなときひと味違う、木島平村限定の年賀状が人気らしいのです。

報告書No. 088

2014年12月16日放送

　木島平村であるうわさを耳にしました。「木島平村には、村でしか買えない年賀はがきがある」。そこで調査に行ってきました！

　まずはほんとうにそんな年賀はがきが存在するのか？村民のみなさんに聞きこみをしたところ、販売場所は郵便局ではなく、木島平村役場とのこと。さっそく役場に行って聞いてみました。「すみません！村でしか販売していない年賀はがきはありますか？」「はい。ございます。こ

ちらです」

　ありました。村でしか売っていない木島平村オリジナル年賀はがき。木島平村総務課の穐澤大輔（あきざわだいすけ）さんによると、木島平村役場では村オリジナルの年賀はがきを平成4年（1992）から販売していて、今年で23年目になるそうです。毎年絵柄は変わりますが、どの年も木島平村の美しい風景をあしらっています。

木島平村 栄町区 道祖神

　販売のきっかけは、村の良さを改めて実感してほしかったことと、村外のみなさんへのPRだそうです。村オリジナル年賀はがきの販売を開始したころは近隣の市町村もオリジナル年賀はがきをつくっていたそうですが、最近ではかなり減ってしまったそうです。

　そうしたなか木島平村では、村の内外で毎年楽しみにしている人が大勢いるということで、平成26年も限定5000枚を販売しました。気になるお値段ですが……、もちろん普通の年賀状と同じ値段で販売しています。

〈調査隊員：竹井純子〉

信州うわさの調査隊

上田市別所温泉の北向観音の謎を探る！

全国でもめずらしい北向きの観音堂と善光寺の関係、建立の由来、境内にある「愛染かつら」や「夫婦杉」そこには、さまざまな秘密がありました。

報告書No.089

2015年1月6日放送

初詣(はつもうで)では、長野市の善光寺さんと上田市の北向観音(きたむき)の「両詣り(りょうまい)」にご利益ありといわれ、片方だけだと「片詣り」とされます。そのあたりの話を北向観音執事長の石川賢明常楽寺ご住職にうかがいました。

「北向観音様は北向きに建立され、千手観音様を御本尊(ごほんぞん)として現世利益を願い、また善光寺様は南向きに建立され阿弥陀様

を御本尊として未来往生を願う。現在と未来の片方だけだと片詣りと言われ、たまたま向き合っている両方をお詣りしたほうが良いと言われるようになった」そうです。

ではなぜ「北向観音」は北を向いて建っているのでしょうか？それは平安時代の西暦825年、金色の千手観音があらわれ、「私を北向きに安置しなさい。北斗星（北極星）のように、私も民衆のよりどころになりましょう（天空に常にある北極星は海路や旅人の目印となり行くべき道を教えてくれる）」とのお告げがあったんだとか。こうして全国でもめずらしい北向きの観音堂が建立されたのだそうです。

境内にある、「愛染かつら」の話もお聞きしました。「別所温泉に小説のアイディアを練るため逗留していた直木賞作家の川口松太郎が樹齢1200年を超す『影向（神仏が一時姿をあらわす意）の桂』と隣に建つ『愛染明王堂』を見て、小説『愛染かつら』の想を得た」とのこと。川口松太郎は北向観音の信徒でもあったとか。現在は作品を知らない若いカップルも、愛の完成？を願い訪れるそうです。

また境内には愛を見守る「夫婦杉」があります。根元から二股に分かれた杉の大木が仲良く並んで立っています。夫婦杉は夫婦円満の象徴です。恋人未満のカップルも、恋愛中のカップルも、そしてちょっとすきま風が吹きはじめたご夫婦も、もちろん円満なご夫婦も、ぜひ「愛染かつら」と「夫婦杉」の巨木を訪れてください。

〈調査隊員：根本　豊〉

上田電鉄別所線の丸窓電車からハーモニカの音が?!

信州うわさの調査隊

「丸窓電車」で有名な別所線の車内から、なつかしい響きと歌声が聞こえてくるというので、調査してきました!

報告書No.090

2015年1月12日放送

　別所線は、上田駅と信州最古の温泉、別所温泉を約30分でつなぐ、行程わずか11.6kmの鉄道路線です。かつては全国の鉄道ファンから親しまれた丸窓電車が走っていました。

　そんな別所線の車内からすてきなハーモニカのメロディーと高らかな歌声が流れてきます。吹いているのは、別所線の名物「ハーモニカ駅長」

として親しまれている元上田電鉄上田駅長で現嘱託の春原貞良さんです。

　なぜ電車のなかでハーモニカを演奏するようになったのでしょうか。「車内で演奏するようになったのは平成18年（2006）秋。別所温泉から帰る観光客と会話が弾み、たまたま前の晩の宴席で演奏してそのまま持ち歩いていたハーモニカで『故郷』を吹いた。これが喜ばれ、観光地の少ない路線のＰＲになればと続けてみた」。それが反響を呼び、テレビ番組やインターネットなどでも紹介され、取材した日も団体ツアー客で満席でした。乗客は中高年が中心。春原さんは全員に歌詞カードを配り、別所温泉駅から６駅目の下之郷駅まで談笑しながら20分で10曲ほどを演奏します。

　いま、多くのローカル線は、交通環境、商業圏の変化などで、廃線の危機にさらされています。上田電鉄別所線も例外ではありません。一度は廃止の方針が打ち出された別所線ですが、地元の方々の熱意により、廃線の危機を免れた経緯もあります。

　「演奏は上手ではないが、一緒に歌うことで喜んでもらうことが次につながる」と謙遜しながら語る春原さんが奏でるハーモニカのメロディーに乗って、のどかな風景のなか、はじめて知り合う乗客と歌声を合わせると、非日常と日常の狭間のような空間が生まれます。

　旅の特別な思い出を乗せて、別所線は今日も塩田平の風景にぴったりマッチしながら元気に走っていますよ。

〈調査隊員：根本　豊〉

信州うわさの調査隊

阿智村には女性しか引けないものがあるらしい?!

それは女性限定の「姫みくじ」というおみくじ。「女子力」が上がるというおみくじには、いったいどんなことが書いてあるのでしょうか?

報告書No. 091

2015年1月15日放送

神社やお寺に行くとついつい引きたくなってしまう「おみくじ」。女性限定のちょっと変わったおみくじがあるというので、阿智村園原にある「信濃比叡広拯院(こうじょういん)」を調査してきました。

副住職の岡田暁光さんに、それはどんなおみくじなのかうかがったところ、そのおみくじは「姫みくじ」。女性のための女性限定のおみくじなんです。女性の外見ばかりでな

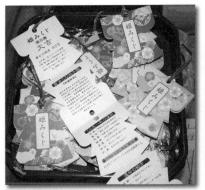

く、内面も磨いてほしいということで、女性に必要な教えの数々が書かれているそうです。

その中身は？というと「あなたの姫度は何パーセント？」、あなたのいまの女性らしさが数字で示されています。さらに「理想の殿方のタイプ」に、「歴史上の女性になぞらえるとなに？」と、あなたがどんな魅力を持った女性かが示されています。

そもそもこのおみくじは、昼神温泉でおこなわれている「女子旅」の企画に沿う形ではじめられたそうですが、この地域の歴史にも大きく影響を受けているようです。ここ園原は、源氏物語のゆかりの地。源氏物語といえば女性の色恋の話がたくさん出てきます。ですから、この園原の地で、女性が美しくなるための、いわゆる「女子力」を上げてもらうためのお示しができたらというのが副住職の思いなんだそうです。

普通のおみくじは、引いたらその場で木などにくくりつけますが、広拯院の姫みくじは、持って帰ってもらいます。それは、大吉、小吉などの吉凶が大事なのではなく、そこに書いてある文面をよく読んで、その後の生活に生かしてもらいたいからとのこと。おみくじをお守りのように身につけて、気になったときに読み返す。

そして、1年後に、感謝の気持ちとともに、お焚き上げなどをする。これが本来の形なんじゃないかと、心が洗われる思いがしました。

〈調査隊員：西村容子〉

信州うわさの調査隊

なぜ松本市には名前に東西南北がつく学校がないの?

松本市内の小学校、中学校、高校の名前にはある特徴があります。それは校名に東西南北がついていないんです！その理由を調べてきました。

報告書No. 092

2015年1月16日放送

　なぜ松本市には東西南北がついた学校がないのか、元松本市立博物館の館長で、松本市史の編纂にたずさわった佐藤玲子さんに聞きました。話は終戦直後にさかのぼります。「昭和22年（1947）、学校制度が、いまの6・3・3・4制に変わりました。このときに、学校の名前も変わったんです。長野県の小学校・中学校は、ほとんどが土地の名前を学校名にしました。松本には同じ地域に学校が2つもなかったから、そのときに東西南北をつける必要がなかったのです。開智は別です。明治時代からありましたから。というわけで、開智小学校以外の小・中学校は、地域の名前が学校名になっています」とのこと。

　さらに「問題は高校です。中等学校が、戦後の改革で高校

になりましたが、名前をつけるにあたって、敗戦国の日本は、連合軍から条件が出されていたそうです。それは、第1、第2など序列をつけるものは名前に使ってはいけない。男女共学が望ましいから、名前に男子女子もダメ。これを受けて県からは、地名と方位は使ってもいいという条件が出ました」。だから、県内の多くの高校が、「地名＋東西南北」という名前になったそうです。長野西高や伊那北高などです。

　ところが、松本は特別な事情があったのです。昭和20年ころの松本は、ほかの地域に比べて、中等学校がとても多く、県立が5つ、市立が2つ。私立の松本商業学校や、そのほか実業学校もあってとにかく多かった。そして高等学校も充実していたのです。松本高等学校、医学専門学校（医専）、さらには長野県の女性の最高学府である松本女子師範学校もありました。

　つまり教育にとても熱心な土地柄だったんですね。だからこそ学校の名前にも相当なこだわりがあったのでしょう。「どの学校もみんな松本をつけたかったの。でも、松本高等学校っていう名門校があったから、だから困っちゃって」。その結果、松本の古い由緒ある地名を使って、それを松本にくっつけた。松本深志高校、松本県ヶ丘高校、松本蟻ヶ崎高校のように当時の高校の名前はすべて、「松本」ではじまるんです。「学校の数も、思い入れも、東西南北だけじゃ足りなかったのね。それだけ、学校に対して、教育に対して、熱い想いがあったのね」。佐藤さんによれば、各学校の記念誌にはその想いが記録されているそうです。後世にしっかりと伝えていきたいお話だと思いました。

〈調査隊員：塚原正子〉

信州うわさの調査隊

県内に3か所しかない「ゆずれ」の表示ってなに?

道路にはよく「とまれ」っていう表示がありますよね?でも、「ゆずれ」という文字が書かれている場所もあるのです!その謎を追ってみました。

報告書No.093

2015年2月12日放送

　道路の路面標示に「ゆずれ」という文字を見たことありますか?これはある特殊な形の交差点の入り口でしか見ることができないんです。それは県内には3地域、4か所かないラウンドアバウトです。平成26年(2014)の道路交通法の改正で、須坂の1か所と飯田市の2か所のラウンドアバウトに新しくお目見えした文字が「ゆずれ」なんです。それまで表示されていた「止まれ」から、「ゆずれ」に代わり、戸まどった方も多くいたと思います。

この「ゆずれ」について、飯田市危機管理室の池上さんにうかがうと、交差点に「ゆずれ」を書くかどうかというのは、道路管理者の飯田市と警察が協議の上で決めたそうです。「徐行」はどうか？などという検討があったそうなんですが、「ロータリーのなかを走る車が優先で、ゆずり合って交差点に入りましょう」という意味で「ゆずれ」に決まったそうです。

　が、ラウンドアバウトの交差点はどこでも「ゆずれ」の表示があるわけではないんです。現に軽井沢のラウンドアバウトは「ゆずれ」を採用していないんです。それは、道路になにを書くか、書くか書かないかは、道路管理者の自治体の判断に任されているからなんだそうです。警察と協議して決められるんですが、「ゆずれ」だけでなく、「止まれ」も道1本1本、交差点1つ1つ、協議をして書くかどうかを決めているんだそうです。

　ちなみに「止まれ」の表示には、ひらがな、カタカナ、漢字といろいろな表示がありますが、正式には「止まれ」が正解。「トマレ」や「とまれ」は、各自治会などにより注意喚起のために書かれたものが多いそうです。

　さて、この「ゆずれ」の文字。施工した南信測器の棚田典男さんによれば、書いたことのない文字なので戸まどったそうです。文字の図面の設計に要した時間1か月。実際の施工は、手作業で路面表示施工技能士という資格を持つ人が熟練の技で書いてくそうです。私たちの安全を守るために、目に見えないところで、工夫や検討が繰り返されていることがわかりました。

〈調査隊員：西村容子〉

信州うわさの調査隊

天龍村の家は玄関を開けるとすぐお茶の間らしい？！

玄関を入ると玄関ホールがある家が普通ですよね。でも、天龍村では玄関を開けたら目の前で家の人が、こたつでお茶飲んでいるのが当たり前だというんです！

報告書№.094

2015年4月9日放送

　まずは、建築の専門家で飯田市歴史研究所の研究員の樋口貴彦さんにうかがってみました。すると国内はもとより海外の家も見ている建築の専門家の樋口さんでも、そんな家は見たことがないというのです。

　その家は天龍村の平岡に集中しているというので、まずは平岡駅で話を聞いてみました。すると「玄関開けるといきなり居間っていうのが多いです」と、当たり前のように答えてくれました。うわさは、ほんとうのようです！

　続いて天龍村唯一の大工、宮澤好正さんを訪ねました。そこで新たな事実を知ったのです。なんと宮澤さんの家の玄関先に仏壇があるのです！驚いている私たちに「な

んで？みんなこうだに！」と宮澤さん。「平岡の衆は入ってくるとな〜ちょっと拝ましてもらうでっちゅって、手を合わせるんな。そいで、そこでお茶飲むんな。

居間だもんで」。さらに、訪ねた家が留守でも、お仏壇には手を合わせて、お土産なんかもお仏壇に供えて帰ってくるそうです。そのほかの家も行ってみると、玄関開けるとやはり居間！

　なぜ、こういう家をみんながこぞって建てたのか？じつは天龍村の3分の2は移住してきた人。昭和のはじめに大昭和製紙が材木を出したときや、平岡ダムの建造のときに多くの労働者が入ってきたそうです。けれども、平岡には平らなところがほとんどないので、天竜川の切り立った崖に張りつくように家がビッシリとできることになりました。

　そして樋口さんによれば、「ここは垂直に土地を利用しているので、お客さんのスペースと生活のスペースが上下になってしまう。だから、大切なお客さんのスペース、一番見てほしい場所が、入ってすぐのところに配置されている」とのこと。立地条件に合わせて、お客さんをもてなす気持ちが先に立ち、狭い土地のなかで、お客さんのためのスペースが優先されて玄関先にリビング（居間）がつくられたということなんです。
〈調査隊員：西村容子〉

木曽福島の郵便ポストには名前がつけられている?

名前のあるポストとは、どういうこと?なんのために?ということで真偽をたしかめに木曽町福島に調査に行ってきました。

報告書№.095

2015年5月6日放送

　このうわさの真相について、木曽町総務課政策推進室長の木村恭一さんにうかがいました。「10年ほど前、中心市街地の活性化事業でどうやったら街のなかを歩いてもらえるかみんなで考えまして、行く先に目標があれば楽しく歩いてもらえるんじゃないかということになりました。なにか目標を探すと、昭和のなつかしい香りがする、福島の街のトレードマークとしてぴったりの丸型ポストが5つあったんです。これに名前をつけてもらおうということで公募で名前をつけてもらいました」とのこと。
　この5つの名前のついた丸型ポストを歩いてまわると、福島の街の見どころをすべて網羅できるということです。まず1つ目のポストは、「義仲くん」という名前がついて

います。近くに木曽義仲のお墓がある菩提寺、興禅寺があるんです。緑に囲まれたお寺で、観光スポットになっています。この興禅寺から５分ほど歩くと、「お代官様」という名前のポストがあります。

後ろにあるのが、木曽の人びとに愛された山村代官のお屋敷なんです。

　３番目のポストは、木曽川の親水公園の上にありました。名前は「巴ちゃん」。巴御前にちなんでの名前で、近くには足湯があります。４番目のポストは宿場町の薬屋さんの前にありました。薬は陰陽道とかかわりが深いという発想から、このポストは「晴明くん」と名づけられています。偶然なんですけど、この先には安倍晴明をまつった神社、晴明社があるんです。５番目のポストはちょっと離れていますが、「ひのきちゃん」です。

　木曽町福島には、名前のついた５つの丸型ポストがありました。どのポストも、まわりの風景と良く合って、温かみのある雰囲気をつくり出しています。なつかしさ、温かさを感じる木曽福島は、何度も来たくなる街、何度も歩きたくなる街でした。

〈調査隊員：塚原正子〉

信州うわさの調査隊

茅野市の蔵には、ある美しい特徴があるらしい！

長野県内にはあちこちに蔵が残されています。でも、茅野市の蔵には、壁にとても美しい装飾が施されているのです！

報告書No. 096

2015年6月12日放送

　長野県内のあちこちにある蔵の町。でも、茅野市の蔵はほかとちょっと違って、感動するような美しさがあるんですって！さっそく見にいってきました。

　宮川くらの会会長の伊藤正博さんが、宮川地区にある「酉の蔵」という蔵に連れていってくれました。その壁の屋根の下には、なんと鷹が！反対側の壁にはニワトリがいました。まさに酉の蔵という名前にちなんで、立体的な鳥がみごとに描かれていて、迫力があります。「これ

は、鏝絵(こてえ)というものです。左官屋さんが、御施主さんへのお礼にと、仕事の仕上げに描くんです。全国にあるんですが、とくに茅野のこのあたりではさかんにおこなわれ、左官屋さんが競い合って鏝絵を描いたようです」とのこと。

左官屋さんが壁を塗るのに使う鏝で描くから、鏝絵。御施主さんへのお礼のしるしとしてプレゼントしたんです。絵柄もいろいろで、恵比寿さんと大黒さんが、楽しそうに酒を酌み交わしているおめでたい絵や猫好きの御施主さんのためにと猫を描いたものもあるそうです。

茅野市の笹原地区は、鏝絵が描かれた蔵がとても多いとのことで、鏝絵をめぐるための地図もつくられています。ぜひ地図を片手に笹原地区を歩いてみてください。1つのエリアに、こうしてまとまって見られるのは、全国でもめずらしいそうです。

でも茅野の蔵の美しい特徴は、これだけじゃないんです！じつはこの西の蔵は、宮川地区の区画整理にともなって、このほど移築されたそう。え？移築？？蔵を動かすには壊さなくちゃいけないんじゃなかったっけ？「茅野の蔵は簡単に移築できるんですよ。普通の蔵と違って、このあたりの蔵は板蔵。壁や天井に板を使っているんです。はじめから釘(くぎ)を使わず、移築もできる構造。どんな時代になってもしっかり使えるように、工夫が凝らされているんです」とのこと。自然を想い、大切に使うという気持ちがあみ出した構造なんです。これもまた、美しい特徴だと思いました。こうした先人たちの想いを受け継いで、地区の人たちは蔵を守っているんです。

〈調査隊員：塚原正子〉

飯山市には線路が横切る お寺があるらしい？

飯山市は「寺の町」と言われるほどお寺が多いことで知られていますが、なんと境内を列車が走っていくお寺もあるというのです！

報告書№ 097

2015 年 6 月 23 日放送

　飯山市はお寺の数が多く「信州の小京都」ともいわれていますが、そのうちの１つ永国寺(ようこくじ)の境内にはなんと鉄道の線路があると聞き、さっそく永国寺へ向かいました。

　するとありました！お寺の参道入り口から階段を登っていくと参道を横切って線路があり、列車が走っていました。さらに参道をあるいていくとお寺の境内。

　なんでこんなことになっているのかというと、それは永国寺の境内に JR 飯山線蓮駅(はすえき)があるからなんです。でも、どうしてお寺の境内に駅をつくらなくてはならなくなったのか？永国寺ご住職の小笠原良孝(りょうこう)さんによると、もともとお寺の境内地だったところに、大正 10 年（1921）10 月 19 日に蓮駅ができ、現在は JR の土地になっている。

しかし、飯山線の線路が永国寺の境内を通って敷設されたため、線路で参道が分断されたとのこと。だから、参道を上がってくる人はお寺に向かう人だけでなく駅に向かう人も利用しているそうです。たしかにホームの下にまで参道が続いています。

なぜこの場所に駅ができたのか？それは鉄道開通当時の写真を見ると、お寺の前はずっと田んぼで平らであったため駅をつくるのに適しており、水害などのリスクを避けるためにこの山ぎわに駅をつくったのではないでしょうか。またここは飯山・中野・豊田の三方向からの利用客の利便性が良いことが、駅設置の理由にあげられるそうです。

永国寺には、鉄道ファンも多く訪れるそうで、夏にはお寺のまわりのハス畑にきれいなハスの花が咲きます。お寺・ハスの花・列車のすばらしい写真が撮れそうです。

〈調査隊員：竹井純子〉

信州うわさの調査隊

夏の高校野球県大会開会式のあの歌声はだれ!?

全国高校野球選手権長野大会の開会式で恒例となっているのが、大会歌「栄冠は君に輝く」の独唱です。今回はその歌い手に迫ります。

報告書No. 098

2015年7月6日放送

　毎年優しく澄んだ歌声で球場に響き渡る「栄冠は君に輝く」(作詞:加賀大介、作曲:古関裕而)の独唱は、戦いを前にした高校球児たちの士気を高めてくれます。その声の主を探したところ、歌っているのは小諸高校の「音楽科」の生徒だということで、さっそく高校に行ってきました。

　まずは、音楽科というのはなにか、小諸高校音楽科の中村幸司先生にうかがいました。「小諸高校音楽科は長野県内唯一の音楽科です。専用の音楽棟には最先端の設備が整っていて、長野県にいながら関東の音楽大学の先生を呼んで、レッスンを無料で受けられるんですよ。専門の音楽棟があるのはここだけなんです」とのこと。小諸高校音楽科は、現在1年から3年生まで男女合わせて90名ほどが

在籍しており、声楽、ピアノ、弦楽器、管楽器、電子オルガンとコースが分かれています。

では、なぜ小諸高校が夏の高校野球県大会開会式の歌を担当するようになったのでしょう?「第85回目の長野県大会のときに、当時の高校野球連盟の事務局が小諸ということもあり、小諸高校の音楽科の先生と交流があったんです。高校野球に新しい風を吹きこみたいと話したなかで、県内唯一の音楽科の生徒に開会式で歌ってもらおう、という流れになったのがきっかけでなんです」とのこと。

今年は音楽科声楽専攻1年から3年生13名がエントリー。選考会で先生方と高校野球連盟関係者20数名で審査した結果、伊那市出身で声楽専攻3年生の宮島玲美さんが3度目の挑戦で選ばれました。昨年の夏はテレビ観戦して球児が頑張る姿に励まされたそうで、「今度は自分が、選手の背中を押したい。学校の記念演奏会などで忙しいが、悔いのないよう頑張りたい」とのことです。

毎年素敵なアカペラ独唱で大会を盛り上げてくれる、小諸高校音楽科声楽専攻の生徒さん。テレビやラジオでもお聞きいただきたいのですが、中村先生は「できれば会場に足を運んで生の歌声に耳を傾けて下さい」とのことでした。

〈調査隊員:根本豊〉

信州うわさの調査隊

安曇野の人びとが大切な日に食べるものってなに?

安曇野では祭りなどの特別な日、「ハレの日」に食べる伝統食があります。それはイゴというらしいのです。伝統食イゴに隠された秘密とは!?

報告書№.099

2015年7月9日放送

　安曇野の伝統食イゴは、エゴとも呼ばれています。いったいどんな食べ物かというと、じつは海藻なんです。エゴノリ(えご草)という海藻を煮て溶かして、冷やし固めると、「寄せ」みたいになり、これを食べるのが一般的。

　昔から食べられている伝統食で、強い磯の香りがしますが、食感はほとんど「寄せ」と同じ。県内でも長野市の一部や大町市など食べられている地域がありますが、梓川から南は食べ

る習慣がないので松本市では食べられていません。

　なぜ昔から、こんな山のなかで海の物を食べたのか？なぜ食べる地域と食べない地域があるのか？　疑問がいっぱいの食べ物です。安曇族研究会副会長の細川修さんにうかがうと、「イゴは、食べることが目的の食べ物じゃなかったと思うんだよね。これでお腹がいっぱいになることはまず無理。だって、あんまりおいしくないんだもの。だけど安曇野に住む人の先祖、安曇族にとって、とても大事な食べ物だったんだよね」とのこと。

　イゴ（エゴ）は北九州でも食べられるそうです。北九州では「おきゅうと」と呼ばれていますが、食べ方も味も安曇野と同じ。でも、日本中どこでも食べられていたわけではなくて、海沿いの地域でも食べないところもあるんです。

　そこから「イゴ（エゴ）を食べる地域が、安曇族がたどったルートなのではないかと考えている研究者もいるんです。つまり安曇族は北九州が故郷で、そこから本州へ、そして長野へと移り住んできた。そのときに故郷の海で採れたイゴをお守りとして大事に持ってきたのではないか」とのこと。これが、イゴがハレの日＝特別な日に食べられる理由ではないか、ということなんです。壮大なロマンがあるお話ですよね。

　「この伝統を大切に守り続けていきたいね。安曇野では夏になるとスーパーでも売っています。ぜひ食べてみて」、細川先生はそうおっしゃっていました。

〈調査隊員：塚原正子〉

日本人の心の唱歌「ふるさと」に4番ができる?!

100年前につくられた唱歌「ふるさと」。いまでも歌われているこの曲に、新たに4番をつくろうというプロジェクトが動き出しています。

報告書№.100

2015年6月25日・7月20日・30日放送

　唱歌「ふるさと」は中野市出身高野辰之(たかのたつゆき)が作詞しましたが、歌詞は3番までです。そこで21世紀の日本や自分たちが住んでいる地域社会の現状に合った「ふるさと」の4番の歌詞を考えてみようと「ふるさと4番プロジェクト」が立ちあがりました。

　もともとは平成21年（2009）に東京の麻布高校ではじまり、東京、兵庫、高知の高校で実施されていましたが、平成27年から全国大会が「ふるさと」作曲者の岡野貞一の出身地鳥取で開催され、全国から8校が参加。1位2位などの順位はつけないそうですが、それぞれ地元の良さと21世紀の日本や高校生自身が住む地域社会にふさわしい歌詞を発表しあうそうです。長野県からは飯山高校と松川

高校の2校が参加しました。

　飯山高校内では生徒が選んだ結果、北陸新幹線が開通して故郷から人が出ていくさびしさをつづった歌詞、「郷(さと)の愛に気づかず　都会(まち)を求め旅立つ　雪を見ればふと思い出す　胸の中に故郷(ふるさと)」に決まりました。一方、松川高校はクラス全員が考えてきた歌詞から言葉を選び出し、「澄みわたる青空　緑光るこもれび　母なる大地永遠(とこしえ)に　威風堂々(いふうどうどう)　故郷」に決まりました。この歌詞には18年間育ててくれた天竜川やアルプスの山々など、母のような大地への感謝。そして2つのアルプスの堂々とした姿と自分たちの故郷への「誇り」を重ね合わせ、その思いをあらわしたそうです。

　それぞれの歌詞には、クラシック調やロック調など生徒たちがイメージした曲調も選ぶことができ、それをプロがアレンジ・編曲し、プロのオペラ歌手によって披露されました。飯山高校は、雪をイメージさせる間奏が入り、雪国飯山を表現。松川高校は、壮大なアルプスをイメージさせる力強いイントロではじまり、テノールとソプラノが追いかけあうアレンジで鳥肌が立つほどでした。

　この大会では、参加した高校生が評価をして各賞が決まりました。飯山高校は「故郷4番プロジェクト賞」、松川高校は「奨励賞」に輝きました。

　今回のこのプロジェクトは、彼らが日本や自分たちの住む地域を見つめ直す良い機会でしたし、次の時代をになっていく高校生たちが新しい地域社会をつくっていくきっかけともなったと思います。みなさんも、ふるさとの4番を考えてみませんか？　〈調査隊員：西村容子・根本豊〉

協力者（敬称略・順不同）

高田光浩
村田裕行
木島平村役場総務課政策情報室
安曇野市豊科郷土博物館
木曽町教育委員会
木曽町観光協会
飯山市役所まちづくり課
飯田市文化会館
須坂市上中町法然堂
美芳屋製菓
東宝株式会社
長野県エースドッジボール協会
長野県小諸高等学校音楽科
長野県岩村田高等学校
中野市一本木公園バラの会

調査隊員紹介

根本 豊（東信担当）

寺山修司の演劇実験室「天井桟敷」に所属していた演劇人。福島出身で標準語のアクセントがいまだに身につかない。無類の酒好き。

竹井 純子（北信担当）

ＳＢＣのラジオカーレポーターを経て、調査隊員に。中野市在住、豪快な笑い方が特徴。愛用の手提げバッグのデザインが下品と評判。

久野恵美子（元中信担当）

横浜市出身。大学入学を機に信州へ。SBC松本ラジオカーリポーターから調査隊員になり、現在は１児の母。趣味は松本山雅FCの応援と、各地のめずらしいものやおいしいものを食べること♪

塚原 正子（中信担当）

ロック好き。電話するとだいたいエレベーターに乗っている。謎多き女性。松本市出身。中学・高校のあだ名は「かっぺ」。

西村 容子（南信担当）

元民放テレビ局のアナウンサー。４人の子どもを育てながら、おもしろいネタがないかとアンテナを張りめぐらしている。モットーは伊那谷の温かい空気にのせて、いやしの時間を届けること。飯田市出身。

信州うわさの調査隊

県内各地の気になるうわさを北信・東信・中信・南信担当の日替わり調査隊員が徹底取材し、コトの真相を報告。これを聞けばあなたも信州通!「情報わんさかGO!GO!ワイド らじ★カン」は、月~金の午後2時5分からOA。

信州うわさの調査隊

2016年1月29日　初版発行
2016年2月18日　2刷発行

著　者　SBCラジオ
発行者　林　佳孝　　発行所　株式会社しなのき書房
〒381-2206 長野県長野市青木島町綱島490-1
TEL026-284-7007 FAX026-284-7779

印刷・製本／大日本法令印刷株式会社

※本書の無断転載を禁じます。本書のコピー、スキャン、デジタル化などの無断複製は著作権法上での例外を除き禁じられています。
※落丁本、乱丁本はお手数ですが、弊社までお送りください。送料弊社負担にてお取り替えします。

Ⓒ SBC 2016 Printed in Japan　　　　　　　　ISBN 978-4-903002-50-7